国家智库报告 2016（21）
National Think Tank

社 会 发 展

中国城镇居民工作环境研究（2015）

张彦 著

THE RESEARCH ON WORKING CONDITIONS OF CHINESE URBAN RESIDENTS (2015)

中国社会科学出版社

图书在版编目(CIP)数据

中国城镇居民工作环境研究.2015／张彦著.—北京：中国社会科学出版社，2016.5

(国家智库报告)

ISBN 978-7-5161-8395-3

Ⅰ.①中… Ⅱ.①张… Ⅲ.①城镇—工作条件—研究—中国—2015 Ⅳ.①F249.2

中国版本图书馆 CIP 数据核字(2016)第 126475 号

出 版 人	赵剑英
责任编辑	王 茵
特约编辑	马 明
责任校对	郝阳洋
责任印制	李寡寡

出　　版	中国社会科学出版社
社　　址	北京鼓楼西大街甲 158 号
邮　　编	100720
网　　址	http://www.csspw.cn
发 行 部	010-84083685
门 市 部	010-84029450
经　　销	新华书店及其他书店
印刷装订	北京君升印刷有限公司
版　　次	2016 年 5 月第 1 版
印　　次	2016 年 5 月第 1 次印刷
开　　本	787×1092　1/16
印　　张	10
插　　页	2
字　　数	121 千字
定　　价	45.00 元

凡购买中国社会科学出版社图书，如有质量问题请与本社营销中心联系调换
电话：010-84083683
版权所有　侵权必究

摘要： 在现代社会，工作组织是各类组织最主要的形式，也是多数社会成员的主要"栖身"场所。一个良好的工作环境，在微观个体层面，能够帮助个体更好地在组织中实现自我、激发潜能；在中观组织层面，能够促进良好的组织文化构建，提高组织成员对组织的认同感和满意度，提高组织效率，进而快速推动组织的创新与发展；在宏观层面，通过营造良好的工作环境来提高人们对组织乃至社会的认同程度，提高组织成员的人力素质，进而缓和社会矛盾，实现社会团结及广泛的社会公平。

在此逻辑起点上，本研究以1990—2015年五年一度的"欧洲工作环境报告"和"全国社会态度与社会发展状况调查（2015）"所提供的数据为基础，试图从客观工作环境、组织工作环境和主观心理环境三个维度考察中国城镇居民对工作环境的主观感受。通过观察人们对工作环境的态度以及在这种态度基础上形成的"总和性的社会情绪"，本研究尝试为观测与分析社会发展的总体状况和运行态势，把握社会发展的"脉搏"提供一个新的视角。

基于这个总体研究框架，本研究的主要内容如下：首先，本研究总体交代了目前在中国展开工作环境研究的背景，在劳动者面临的工作环境的历时变迁中试图厘清工作环境相关概念的使用边界，尝试建构一套简单、敏感、便于操作的量表以对此进行观测。其次，本研究在"全国社会态度与社会发展状况调查（2015）"的数据基础上，总体描述中国城镇居民工作环境的现状，重点分析工作环境内部三维度之间的相互关系以及劳动者对工作环境的主观感受在人口学变量、工作属性、组织类型等因素上的差异；通过与2014年同类数据的对比分析，探寻中国城镇居民工作环境满意度的变迁与现状。最后，本书利用"全国社会态度与社会发展状况调查（2015）"的其他相关数据，试图从社会满意度、生活满意度、社会参与和社会分层等总和性社会态度中，探寻中国城镇居民工作环境满意度的影响因素。

基于上述三部分的研究，我们得出如下结论：

（1）工作环境可从客观工作环境、组织工作环境和主观心理环境三个维度进行分析，且三维度之间具有显著关联；（2）以中国城镇居民为研究对象，我们发现

2015 年中国城镇居民工作环境满意度较高，同比呈上升趋势，其中，在性别、年龄、户口类型、收入、企业类型等变量上存在显著差异；（3）社会满意度、社会参与、生活满意度、社会分层等总和性社会态度均对城镇居民工作环境满意度存在不同程度的显著影响。

关键词： 工作环境　城镇居民　工作环境满意度　客观工作环境　组织工作环境　主观心理环境

Abstract: In a contemporary society, work organization is the principal form of all kinds of organizations. It is also the main locale where the majority of the members of a society stay, and thus, the significance of working conditions are becoming the center of attention. Appropriate working conditions can, in a microscopic view, help individuals achieve self-realization in an organization, and trigger and develop their potential. From the mesoscopic perspective, working conditions promote the organization-cultural construction, thereby enhancing members' organizational identification and satisfaction, boosting organizational efficiency and effectiveness, and push speedily forward organizational innovation and development. From the macroscopic respect, satisfactory working conditions can augment individuals' levels of recognition towards their organization and even the society, raise the human quality of the organizational members, reduce social contradiction, and realize social solidarity and social equity. It is also one of the pivotal ingredients in the social governance cocktail.

The three aforementioned views have been used as a point

of departure. Data from the quinquennial "European Working Conditions Survey" conducted between 1990 and 2015 and the "2015 Chinese social Development and Social Attitude" were employed to lay the foundations for the research. This research project was designed to study the Chinese city and town dwellers' subjective perception of their working conditions from the dimensions of objective working conditions, organizational working conditions, and psychological working conditions. Studies of the comprehensive social emotions concluded from research findings of the members' attitudes towards their organizations enabled researchers to investigate and analyze the general performance check-up and management status quo of an organization, and, furthermore, to predict its future development.

The aims of this study, based upon the general research framework, were to be achieved through the following objectives:

First, the background information of current research on working conditions in China was presented, in an attempt to clarify the related conceptions of working conditions that laborers are facing, thereby constructing a simple, sensitive, and user-friendly index system.

Based on the findings of the "2015 Chinese social Development and Social Attitude", the research was then to paint a word picture of the current working conditions of the city and town dwellers in China. The interrelation of the three dimensions of working conditions and employees' subjective perception of working conditions are also analyzed from the perspectives of demographic variables, variations of types of work, categories of organizations, and other factors. The analytical results were to be compared and contrasted with those of the working conditions survey conducted in 2014 in an effort to explore the difference of dweller's satisfaction with their working conditions over the past years.

Finally, other data available from the "2015 Chinese social Development and Social Attitude" were to be employed to identify the influential factors that affect the dwellers' satisfaction with working conditions through the examination of social satisfaction, life satisfaction, social engagement, social stratification and classes, and other social attitudes.

Conclusion have now been drawn from the three objectives above: (1) working conditions can be evaluated from the three intertwined dimensions of objective working conditions, organizational working conditions, and psychological working conditions; (2) urban dwellers' degree of satisfaction with their working conditions scored the highest in 2015, and this level of satisfaction has increased year by year, with significant difference in reference to their gender, age, types of Hukou, incomes, and forms of enterprises; (3) further studies have demonstrated that social satisfaction, social engagement, life satisfaction, and social classes confirm their remarkable impact on the urban dwellers' satisfaction with working conditions.

Key Words: Working Conditions; City and Town Dwellers; Satisfaction with Working Conditions; Objective Working Conditions; Organizational Working Conditions; Psychological Working Conditions

目　　录

一　引言 …………………………………………（1）

二　数据与抽样 …………………………………（5）

　（一）目标总体 ………………………………（5）

　（二）抽样方式 ………………………………（5）

　（三）样本量 …………………………………（6）

　（四）抽样过程 ………………………………（8）

三　理论基础与分析框架 ………………………（12）

　（一）理论基础 ………………………………（12）

　（二）分析框架 ………………………………（19）

四 2015年城镇居民工作环境满意状况的
　　总体分析与讨论……………………………（32）
　　（一）工作环境满意度及三维度的
　　　　　结果分析…………………………（32）
　　（二）工作环境满意度及三维度的
　　　　　历年比较分析……………………（52）
　　（三）讨论…………………………………（54）

五 城镇居民工作环境的人口学变量分析与
　　讨论…………………………………………（62）
　　（一）人口学变量的影响结果分析………（62）
　　（二）工作环境满意度在人口学变量上影响
　　　　　因素的历年比较分析……………（80）
　　（三）讨论…………………………………（91）

六 城镇居民工作环境满意度的影响因素
　　探讨…………………………………………（109）
　　（一）城镇居民工作环境满意度与社会
　　　　　满意度的关系……………………（109）

（二）城镇居民工作环境满意度与生活
满意度的关系 …………………………（112）
（三）城镇居民工作环境满意度与社会
参与的关系 ……………………………（113）
（四）城镇居民工作环境满意度与社会
分层的关系 ……………………………（116）

七　结论、讨论与思考 ……………………………（119）
（一）结论 …………………………………………（119）
（二）讨论与思考 …………………………………（125）

参考文献 ……………………………………………（133）

一　引言

　　在现代社会，工作组织是各类组织最主要的形式，也是多数社会成员主要的"栖身"场所，因而工作环境的重要性日益凸显。一个社会中良好的工作环境，在微观个体层面，能够帮助个体更好地在组织中实现自我、激发潜能；在中观组织层面，能够促进良好的组织文化构建，以此提高组织成员对组织的认同感和满意度，提高组织效率，进而快速推动组织的创新与发展；在宏观社会层面，有助于我们构建观测社会发展水平的重要指标。从微观延展到宏观，从个体跃迁至整体，这项研究的结果有可能将工作环境的议题逐渐推入学术研究与政策探讨的关注视野，帮助人们认识到，通过营造良好的工作环境来提高人们对组织乃至社会的认同程度，提高组织成员的人力资本质量，缓和社会矛盾，实现社会团结及广泛的社会公平，是社会治理的重要内容。

　　从学科特点来说，组织"工作环境"问题是社会学研究的重要内容。从组织社会学角度出发对其进行研究则更具有明显的学科特长和优势。就研究路径而言，将组织社会学的相关理论、方法和观点运用于对"工作环境"问题的研究，不仅可以对组织环境变迁的结构特征及影响机制产生更为深入的认识，而且由于"工作环境"贴近现实生活实践，勾连着社会成员与各类工作组织，因而也成为社会治理的一个重要环节。

按照社会学的理论，在一个企业组织的发展过程中，人们的行为结构总是会嵌入企业组织的结构之中。在这个意义上，工作环境作为企业员工行为的结构性因素，同样也发挥着至关重要的作用：为人们获得幸福感提供必要的物质保障和前提；为人们的情感满足提供必要的社会归属；为人们的自我成长提供必要的公共场所；为稳定协调的社会发展提供合理的预期。毋庸置疑，好的工作环境作为衡量生活质量的重要指标之一，不应该也不能够被排斥在社会发展的关注范畴之外。

在一个企业组织中，许多外在的客观变化总能在人们的主观感受中稳定地表现出来；而且，只要个体层次的主观态度"化合"到总体性的社会情绪之中，这种主观态度就具有反映整个企业组织状况的能力与特征。因此，通过观察一个企业组织中人们的态度以及在这种态度基础上形成的"总和性的社会情绪"，我们可以观测与分析一个企业组织发展的总体状况和运行态势，进而把握企业发展的"脉搏"，这恰恰是我们这项研究相对于以往研究所独具的学术价值和应用价值。

为了追寻好的工作质量、工作环境与生活质量，探寻人们对工作环境的主观感知状态，欧盟率先在其成员国每隔5年就进行一次"欧洲工作环境调查"，这样的调查从1990年开始，持续了15年。每一次"欧洲工作环境调查"基本上都运用了包括工作时间、劳动报酬、待遇公平、工作与生活的平衡等一系列完整的题器来了解在欧洲社会中，工作变迁与社会变迁在多大程度上相互影响，由此为政策制定提供相应的选择依据（Eurofound, 2012）。

从"欧洲工作环境调查"的结果，我们得到了关于"工作环境"社会属性的两个学理印象：第一，如何从社会学的学科角度观察工作环境与社会发展总体变迁和态势所发生的关联；第二，在强调经济发展与社会发展联动、接纳经济长效高速增长到稳速增长的发展"拐点"的前提下，如何关注个体对工作环境更多元的主观感受和自主意识。在实践中，随着中国经济的高速发展以及产业结构的宏观调整，在传统制造业和新兴的信息产业、服务业等工作研究的核心领域都出现了诸多宏观繁荣与微观衰微的矛盾景象，社会结构的变化与转型并未塑造出一种确保人们身心健康的精神结构。这些新问题、新现象一方面在微观层面上关系到企业组织的发展、劳动者的个人福祉；另一方面在宏观层面上关系到国家整体社会发展的方向、路径以及策略选择。尤为重要的是，通过对工作环境基本特征的把握，可以更好地理解与分析中国当前总体劳动关系状况，为经济和社会的平稳发展提供切实的政策导向。

二　数据与抽样

中国社会科学院社会发展战略研究院实施的"全国社会态度与社会发展状况调查（2015）"，是在国家统计局"六普"数据的基础上建立抽样框，抽取全国直辖市、地级市、县级市中居住在社区（居委会）辖区中的16岁及以上人口作为调查对象，并通过问卷调查获得的数据对我国社会发展的总体状况与运行态势进行观测与评估。

（一）目标总体

这次调查的目标总体为中国大陆城市居民。此处，"城市居民"的操作性定义为：中国大陆直辖市、地级市、县级市中居住在社区（居委会）辖区中的16岁及以上人口。

（二）抽样方式

在这次调查中，我们采取了多阶抽样设计，其中县级行政区划（市辖区、县级市）为一级抽样单位（primary sampling unit，PSU），社区（居委会）为二级抽样单位（second sampling unit，SSU），家庭户作为三级抽样单位（third sampling unit，TSU），最终抽样单位为个人（ultimate sampling unit，USU）。

（三）样本量

在简单随机抽样的条件下，我们可以得到样本量估计的如下公式：

$$n_{srs} = \frac{u_\alpha^2 p(1-p)}{d^2}$$

其中 p 为样本中某一个类别在总体中的比例；u_α 是置信度为 $1-\alpha$ 时所对应的分布临界值；d 为样本估值和总体参数之间的差值。根据上述公式，如果我们设定估计区间置信水平为 0.05，绝对误差在 3% 以内，那么对于绝大多数分布的估计而言，我们仅需调查 1000 个样本即可。

但本次调查并非简单随机抽样，而是多阶复杂抽样，所以我们还必须考虑设计效应（deff）问题。设计效应是指在同等样本规模下，采取复杂抽样所形成的样本方差和简单随机抽样所形成的样本方差之间的比值。设计效应的估计公式为：

$$deff = 1 + (b-1) \times roh$$

b 为从单个群中抽取的样本数量；roh 为群内同质性。公式表明，从单个群中抽取的样本数量越大，设计效应越大；群内同质性越大，设计效应越大。本次调查的抽样方案已经尽可能增大群的数量，降低单个群内的样本数量。但是，在"社会态度与社会发展"相关问题上，群内同质性估计较强。于是，根据本次调查的设计方案，我们估计设计效应为 6。因此，考虑设计效应的样本量就是 $1000 \times 6 = 6000$。

为了获得无偏的参数估值，社会调查必须保证一定水平的应答率。经验的规则是，在抽样调查中，我们至少应保证 50% 以上的应答率，50% 的应答率是底线，70% 的应答率就是较好的抽样调查。考虑到调查中的无应答现象，我们需要适当放大抽取样本的规模。我们估计应答率为 75% 左右，因此考虑无应答现象的样本量为

6000÷0.75＝8000。考虑到样本分配中的具体情况，最终确定的样本量为8100，即60×9×15＝8100。

（四）抽样过程

1. 第一阶抽样：关于PSU（市、区）的抽取

本次调查的PSU抽样框来自2010年由国家统计局实施并发布的《第六次全国普查数据》。但考虑到2010年距本次调查已经有4年之久，为了校正人口变动的效应，我们根据"六普"数据中分性别、分年龄的粗死亡率对2010年人口普查数据中12岁及以上城镇人口进行死亡率校正，以校正后的数据作为PSU的抽样框（包括1226个PSU），12岁及以上城镇人口作为加权权重。根据抽样设计方案，我们从1226个PSU中，按照PPS的原则，抽取60个PSU（在除新疆和西藏之外的地区中抽取），经专门编制的Stata程序运行所得的60个PSU分布在24个省市自治区，均值为2.5，样本数量最多的是湖北省（包含5个PSU），样本数量最少的是云南省（包含1个PSU）。

2. 第二阶抽样：关于 SSU（社区居委会）的抽取

本次调查的 SSU 抽样框来自 2010 年国家统计局《第六次全国普查数据》的原始数据，国家统计局相关部门提供了 2010 年 SSU 的户数和 12 岁及以上城镇人口数。我们根据抽样方案，在 SSU 抽样框中，利用专门编制的 Stata 程序，按照 PPS 原则，在每个 PSU 中抽取 9 个社区居委会作为 SSU，原则上共需抽取 540 个社区居委会。在实际抽样过程中，由于有的社区居委会人口规模较大，我们进行了分割处理，因此同一个社区居委会可能被重复抽中。最终抽样设计中共涉及 533 个社区居委会。

3. 第三阶抽样：关于 TSU（家庭户）的抽取

在本次调查中，家庭户包括户籍登记的家庭、集体户以及各类集体居住点。

TSU 样本框来自调查实施单位，主要来源有如下两种：

（1）如果居委会（社区）有现成的户籍资料（可以从居委会或者当地派出所获取），不论其保存形式为电子文档或纸质文档，抽样员都可以依据户籍资料建立"户样本框"。

（2）如果居委会（社区）没有现成的户籍资料，抽样员需要会同有关知情人，依据已知的地理信息（如地图、地址簿等），依据地块现场制作"户样本框"。

在TSU阶段，我们采用系统抽样法（等距抽样）。具体操作如下：

建立样本框之后，需要根据样本框内的总户数（N）、需要调查的户数（m）以及拒访率估值（r）确定抽样的间距（I）。计算公式是：

$$I = [N \times (1 - r)]/m$$

居内抽户的工作完成后，抽样员和访问员不可更换样本户。如果经多次努力仍然无法调查抽中的样本户，访问员请在《入户情况登记表》中的相应栏目中注明原因，但不可以进行户替代。

为了把流动人口纳入本次调查的范围之内，本次调查TSU的抽样采取"以户定人"的原则，即以住户为抽样单元，无论住户内的成员是户籍人口、常住人口还是流动人口，都是本次调查的潜在对象。

4. 第四阶抽样：关于USU（回答人）的抽取

抽中的家庭户中，所有16岁及以上家庭成员构成第四级样本框。在成功入户后，访问员需要借助问卷首页上的Kish表从户内成员中抽选出被访者。需要注意的是，对于集中居住点，若总人数小于等于10人，直接采用Kish表进行户内抽样；若人数大于10人，则随机抽取集中居住点内的10人，再采用Kish表进行户内抽样。

（1）访问员应首先了解这一户中16周岁及以上的户内人口数（即问卷中的S1题），然后在Kish表的第一列"编号"栏中的相应数字上画"○"。

（2）访问员要按照户内人口的年龄以从小到大的顺序将家庭16周岁及以上的人口信息填写到表中。按照实际情况，认真填写性别。

（3）在此表中，用"编号"确定相应的行，用"问卷编号的个位数"确定相应的列。行列交叉，在相应的交叉的单元格数字上画"○"。这个数字是几，我们就选择表中编号为几的成员进行访问。

最后，我们针对调查的系统误差主要可能出现于居内抽户、户内抽人和实地访问这三个环节，提出了我们调查质量控制的目标，并围绕以上三个环节在调查过程中对数据质量进行控制。

三 理论基础与分析框架

(一) 理论基础

在以往的研究里，谈及工作环境，便不得不谈及生活质量（quality of life，简称 QOL）。生活质量这个概念最早出现在美国经济学家 J. K. 加尔布雷思所著的《富裕社会》（1958）一书中。该书主要揭示了美国居民较高的生活水平与富裕社会对其精神需求的支持相对较低的落差和矛盾。随后，他在《总统委员会国民计划报告》和《社会指标》文集中正式提出了生活质量这一概念，由此渐渐形成了有关生活质量的专业研究领域。

在生活质量概念内涵的探讨中出现了两种截然不同的取向：生活水平理论与生活质量理论。人们认为，生活质量有别于生活水平。生活水平回答的是为满足物质、文化生活需要而消费的产品和劳务的"多与少"的问题，而生活质量回答的是"高与低"的问题。虽然，生活质量必须以生活水平为基础，但其内涵具有更大的复杂性和广泛性，更侧重于人们的精神文化等高级需求满足程度和对环境状况的评价。

在探寻生活质量指标体系时，学者们（Cummins，1996；Lance等，1995；Van Praag等，2003）致力于通过探寻生活质量所涉及的生活范畴来研究生活质量的构成。回答了"生活质量"这一概念中"生活"的维度由哪些构成，也就可能进一步追问生活质量指标体系在内部结构上如何划分。迄今为止，生活质量有了一个较为完整的指标体系：（1）客观条件指标，包括人口出生率和死亡率、居民收入和消费水平、产品的种类和质量、就业情况、居住条件、环境状况、教育程度、卫生设备和条件、社区团体种类和参与率、社会安全或社会保障等。通过对这些客观综合指标的比较分析，可以权衡社会变迁程度。（2）主观感受指标，主要测定由人口条件、人际关系、社会结构、心理状况等因素决定的人们的生活满意度和幸福感。对满意度的测定通常分生活整体的满意度和具体方面的满意度两种。

在构建指标体系的研究过程中，有学者（Clark，2005；Haller和Hadler，2006）发现，在客观条件指标中，个体获得报酬的雇佣工作是决定生活质量高低最重要的因素之一。他们认为工作不仅能够为个体提供足够的金钱以维持个体生活，也能够带给个体认同感、社会地位、个人发展的机会等附加价值。值得注意的是，有学者根据生活质量的主观感受指标发现了工作对个体积极情绪体验的影响。比如，Sirgy（2002）借用等级域和特点域两种观点去阐释一个好的工作对个体生活满意度的积极影响，这一理论假设在其实证研究中已经得到了验证。

正因如此，部分学者开始着力从劳动积极学的视角不断探索两个方面的问题。第一个方面，哪些决定因素可以帮助我们判断"这是一个好的工作（good job）"；第二个方面，如何通过改善工作质量来提高个体的生活质量。为此，经济学家常用工作报酬和工作时间来定义工作质量（quality of work）；而社会学家和组织心理学家则更多地从幸福感、满意度、工作生活平衡、工作自主性和个人发展广义视角来定义工作环境。例如，Gallie（2007）就指出工作质量是由技术、培训、工作自决性、工作生活平衡和工作稳定性五个维度构成。

除了学术上的蓬勃发展，工作质量和工作生活质量的话题自2001年以来逐渐演变为欧洲范围内的一个重要政治议题。对此，欧盟制定并执行了一项欧洲就业战略（European Employment Strategy，简称EES）。在这项计划中，欧盟对工作质量做了一个明确的界定。工作质量这一概念内涵，应基于一个多元的视域，它既包含客观的工作岗位特点，还包含员工的主观工作评价、员工性格，以及员工与岗位的匹配程度。在欧洲就业战略研究的框架指引下，欧盟各国的学者们发现，影响工作质量的因素包括内在工作质量、技术、终身学习与职业生涯发展、性别平等、工作健康与安全、灵活性与安全性、劳动市场的进出自由、工作组织和工作生活平衡、社会对话和员工参与、多样性和非歧视、完整的经济体现和产量。在对这些影响因素的相关研究中，Sirgy等人（2001）指出，工作满意度有很大可能成为改善工作质量的后果，而并非其构成维度之一。这一观点被后继学者不断地验证。

上述工作质量的讨论帮助学者们逐渐厘清一个思路：对工作质量的衡量从本质上来讲是对个体工作行为所处的工作环境的评估。因而，欧盟五年一度的"欧洲工作环境调查"有了一定的理论基础，同时也具备主观指标与客观指标的分析视角。基于此，工作环境的研究具有宏观的意义和开放的分析框架。尽管目前的研究尚未对工作环境进行学科归类，也未曾对工作环境的概念做出明确的界定，但作为研究变量，这一概念已经在经济学、管理学、社会学及医学等学科领域的研究中被频繁提及。

在概念的使用上，工作环境有两种英文表述，working conditions 和 working environments。使用 working conditions 一词来表述工作环境的文献，往往会用物理环境（physical conditions）和社会心理环境（psychosocial conditions）来概括个体工作行为发生的环境。与此对应的，使用 working environments 一词（有时还可以用 work place 表述）的文献，则往往将研究视野局限于空气、噪声、粉尘等对工作安全和职业健康等的影响的研究。

尽管在概念上，工作环境并没有清晰的界定，甚至在使用上都还存在争议，但关于工作环境内在结构的研究却走在了相关核心研究的前列。根据调研需求，工作环境常常会因为研究目的的不同被划分为不同的组成因素。总结目前的研究文献发现，工作环境概念的内部结构划分主要有两种倾向。

大多数研究者（Elena Ronda Pérez 等，2012；OlliPietiläinen 等，2011；Risto Kaikkonen 等，2009）认为，对工作环境进行实证考察，需要从工作安排（work arrangement）、物理工作环境（physical working conditions）和社会心理工作环境（psychosocial working conditions）三部分入手。其中，工作安排是指由工作岗位赋予个体的具体工作任务，包括工作负荷、工作时间和轮班情况等；社会心理工作环境，多使用 Karasek（1985）的 demand-control-support 模型，从工作需求、工作控制和工作中的社会支持三个维度去考察在工作过程中个体所处的中观组织环境和微观个体岗位环境。也有研究者（Tea Lallukka 等，2010）将工作安排排除在外，认为工作环境仅由物理工作环境（physical working conditions）和社会心理工作环境（psychosocial working environments）两部分构成。在这类研究中，对员工客观物理工作环境的研究结论多与管理心理学中的霍桑试验所得结果类似，即客观物理工作环境对员工的工作绩效、身体健康、工作满意度等有影响，但是否显著却结果不一。除此之外，近年来对个体员工所处的社会心理工作环境的因素研究更多地激发了社会学、管理学和经济学等研究领域的学者们的兴趣。学者们基于 Karasek（1985）的 demand-control-support 模型，集中探讨个体员工的社会心理环境与个体主观感受（如工作倦怠、工作满意度和幸福感等）的关联，并且研究结果显示员工的社会心理环境现状与工作倦怠、工作满意度和幸福感等呈现不同程度的显著相关。

此外，还有一部分学者从反方向研究员工的工作环境。他们假设，如果员工所处的工作环境较差，其有可能会感到不同程度的工作压力。据此，员工个体工作压力程度的不同有可能反映其工作环境的优劣。工作压力小，其工作环境较好；工作压力大，其工作环境较差。W. Lederer 等人（2006）在考察麻醉师的工作环境与工作倦怠的关系时，就曾借用过考察个体工作压力的两个维度——工作任务（working tasks）与常规工作问题（regulation problems）的质量来评价麻醉师的工作环境优劣程度。其中，工作任务的质量，是由常规工作要求（regulation requirements，包括工作的灵活性、多样性）、常规工作可能（regulation possibilities，包括时间控制、交流与分享、合作的范围和注意力集中的需要等）组成；常规工作问题则包含时间压力和工作干扰两个内容（Lederer, Wolfgang等，2006）。另外，Michael Ertel等人（2005）在研究自由作家的社会心理工作环境与其健康水平的关联时，也不约而同地把工作压力看作衡量受访者社会心理工作环境质量高低的评价尺度。

（二）分析框架

学者们不约而同地将工作环境概念定位在个体所处的客观工作环境（objective working conditions）上。这种客观工作环境包含个体工作行为发生时所处的客观物理环境（如温度、粉尘和噪声等），也包含个体的工作岗位所赋予的客观工作环境（如工作时间、工作内容和劳动工具等）和个体所处的组织工作环境（如与同事交流和领导支持等），而将个体对客观工作环境的主观感受，即主观心理环境（subjective working conditions）排除在外。

在上述工作环境问题缘起和理论阐释的基础上，我们参考中国社会科学院社会发展战略研究院"2014年全国社会发展与社会态度调查工作环境"分问卷的设计框架，以个体工作界线来划分，将视野聚焦于个体对其工作行为所发生的客观工作环境、组织工作环境和主观心理环境的评价与态度，由此构建城镇居民个体的工作环境满意度（见图1）。首先，我们认为员工对工作最直观的感受，源于客观工作环境，包括自然工作场所、劳动报酬、工作时间、工作与生活的平衡（Eurofound，2011）。其次，这种主观感受还与其在组织中的具体工作内容和流程密切相关，即组织工作环境，这也是决定员工是否能够高效工作的关键因素，其中包括工作自主性、工作歧视和组织支持（斯蒂芬·P. 罗宾斯和蒂莫西·A. 贾奇，2012）。最后，除了以上两种客观环境之外，我们认为，真正影响员工工作感受的因素源于其对工作的主观体验，即主观心理环境，它是员工一切工作行为和工作体验的内在驱动力，包括职业期望、工作压力、工作自尊、工作安全感和工作效能感（斯蒂芬·P. 罗宾斯和蒂莫西·A. 贾奇，2012）。

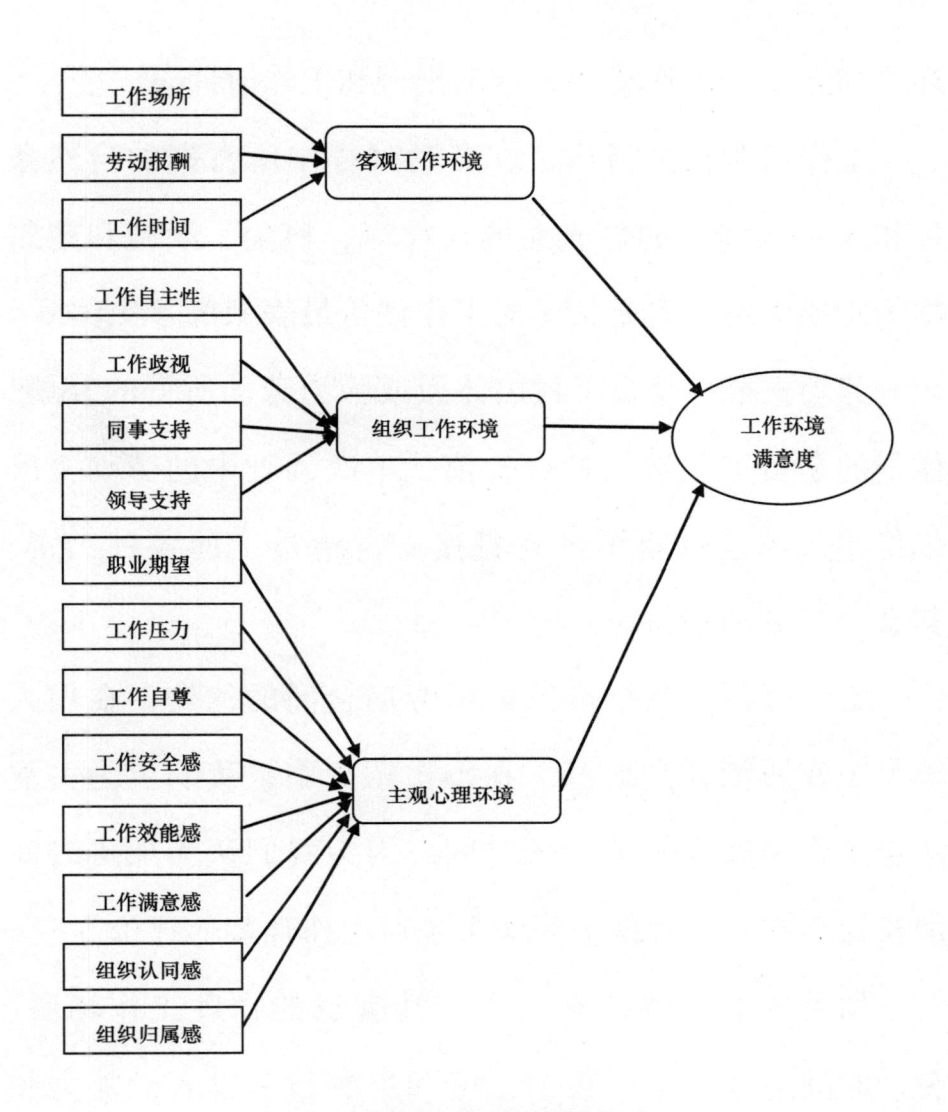

图 1　工作环境满意度的指标体系

1. 客观工作环境

客观工作环境，是企业组织为保障其正常开展工作而给员工提供的最基本的硬件条件。在本年度的调查中，我们从以下三个方面考察企业员工对其所处的客观工作环境的态度：工作场所、劳动报酬和工作时间。

工作场所，是指员工在劳动过程中所占据的自然条件和人工环境，如灯光照明、噪声、粉尘、设施和建筑物等物质系统，它是员工对工作评价最表象的参照体系。

劳动报酬，是员工付出体力或脑力劳动所得的补偿，体现的是员工创造的社会价值，本次调查中的劳动报酬仅指用人单位以货币形式直接支付给员工的各种工资、奖金、津贴和补贴等。

工作时间，是指员工根据劳动合同的约定，在用人单位工作所消耗的时间。在本次调查中，我们更为关注法定工作时间之外的加班时间，因为我们认为加班时间的长短会在一定程度上影响员工对工作环境的评价。

如果员工能够拥有一个令其满意的物理工作场所，劳动时间适度，且所得的工资和报酬与其投入的能力和精力相匹配，我们便认为这是一个好的客观工作环境。

因此，本次调查的客观工作环境满意度由3个题器构成（见表1）。这些评价分为5个层次，"1"表示完全不赞同，"2"表示比较不赞同，"3"表示一般，"4"表示比较赞同，"5"表示完全赞同。其中，需要对b1004题

表 1　　客观工作环境满意度的因子构成和题器设置

指数	因子	题器
客观工作环境	工作场所	b1011 我对我的工作场所感到满意
	劳动报酬	b1004 我的工资和报酬与我的付出和能力相适应
	工作时间	b3110 我经常加班工作

"我的工资和报酬与我的付出和能力相适应"、b1011 题"我对我的工作场所感到满意"进行反向计分。3 个题器累积所得分值，记作该受访者在客观工作环境满意度上的得分。分值越高，表明该受访者对自己目前所处的客观工作环境越满意。

2. 组织工作环境

除了通过岗位属性的满意度来评价工作环境之外，还可以将员工对其与组织工作环境的交互是否满意作为评价工作环境的参考。

不同于组织行为学中的组织环境，本次调查中的组织工作环境主要指与工作流程、组织人际关系和组织氛围相关的，并对个人工作行为和组织绩效产生影响的客观组织条件。一个良好的组织工作环境是组织生存和发展的基础和动力，同时也是推动员工有效工作行为的根本。据此，本次调查将通过工作自主性、工作歧视、同事支持和领导支持4个因子来考察员工对其组织工作环境的满意程度。

工作自主性，是指在工作过程中，员工自我感觉能够独立地控制自己的工作，包括决定工作方法、工作流程和工作任务等。如果员工可以自主地决定如何开展工作，则在很大程度上体现了工作单位对员工的信任和肯定，有利于提高员工对工作单位的认同感及其对工作的投入程度。

从人力资源学的视角看，工作歧视是基于性别、年龄、地区等因素而产生的任何区别和排斥，其后果是直接或间接损害员工就业的机会平等或待遇平等。本次调查集中探寻员工在工作过程中因性别和年龄所遭受的不平等待遇。

同事支持，是指在同一单位工作，处于同等地位和同等水平的个体之间相互提供的情感、工具和信息等方面的支持及援助（戴春林、李茂平、张松，2011）。同理，领导支持，是指员工在工作过程中获得来自上级领导在工作方法或精神激励等方面的支持。我们认为，正向的同事和领导支持，会提高员工对组织的满意程度，作为回报，员工也会提升自己对组织的承诺和忠诚；相反，如果员工很少得到来自同级同事和上级领导在情感和工具等方面的支持，他们会降低对组织的心理承诺和工作表现，甚至产生离职倾向。

综上所述，在工作过程中，如果员工能够自主地决定如何开展工作，获得一定程度的来自上级领导或组织成员的支持，并能得到与自身工作相匹配的待遇，我们就有理由认为这是一个好的组织工作环境。

组织工作环境满意度由4个题器构成（见表2），计分方式与上述客观工作环境满意度题器相同。在本部分，需要对b1009"我可以按照自己的时间灵活安排工作任务"、b1001"工作中我会获得同事的帮助支持"和b1002"在工作中我能够获得领导的帮助与支持"3个题

表2　　　　　组织工作环境满意度的因子构成和题器设置

指数	因子	题器
组织工作环境	工作自主性	b1009 我可以按照自己的时间灵活安排工作任务
	工作歧视	b1014 在工作中有时会遇到性别和年龄歧视
	同事支持	b1001 工作中我会获得同事的帮助支持
	领导支持	b1002 在工作中我能够获得领导的帮助与支持

器进行反向计分。累积所得分值，记为组织工作环境满意度。分值越高，组织工作环境越好。

3. 主观心理环境

如果以员工个体为边界线来划分，我们可以把上述客观工作环境和组织工作环境划分为外部环境，将对个体工作行为起决定性作用的主观心理环境视为内部环境。我们认为，主观心理环境是指个体在工作的动态变化过程中所表现出来的心理现象。在本次调查中，我们在2014年量表的基础上，将主观心理环境的考察因子增加到8个，分别是：工作压力、工作自尊、工作安全感、工作效能感、职业期望、组织归属感、工作满意度和组织认同感。

工作压力，是指员工因工作负担过重、工作责任过大、工作时间过长等由工作或与工作直接有关的因素所造成的紧张状态。如果员工个体长期、反复地处于较高的工作压力中，除了会出现失眠、疲劳和忧郁等一系列不良生理反应，还会产生对工作的不满和工作倦怠。

工作自尊，是指员工能不断地以一种有价值的方式来应对工作挑战的能力状态。

工作安全感，在本次调查中，我们讨论的是狭义工作安全感，是指员工在工作中面临与过去迥异且尚未适应的状态。

工作效能感，是指员工实施并达成工作目标所需能力的信念。工作效能感高的个体能在有限的工作时间内完成更多的任务，获得工作成就感，对激发其后续工作的积极性情绪更加有效。

职业期望，是员工希望自己目前所从事工作的态度倾向。正向的职业期望会促使员工继续保持现在的工作行为。

组织归属感，是员工所处的一种积极状态，在这种情况下，个体认同某一特定组织的目标与价值观，有意愿把实现和捍卫组织的利益与目标置于本人或所在小群体的直接利益之上，并希望以此来维持其成员身份并促进组织目标的实现（L. W. Porter 等，1974）。

组织认同感，是指某个特定组织中的员工所感受到的与其组织在心理和行为上的一致性，包含情感、认知和评价三方面的内容。在本次调研中，我们主要从情感的角度考察员工的组织认同感。

Locke（1976）认为工作满意度是员工对工作或工作经历进行评价时的一种愉快的或者积极的情感状态，是一个员工对他所从事的工作的总体态度（斯蒂芬·P. 罗宾斯，2002）。

用上述题器来衡量员工的主观心理环境的原因在于，尽管客观工作环境和组织工作环境的优劣可能对员工的工作行为产生影响，然而影响员工工作积极性和产生亲组织行为的因素是员工个体对自身所处工作环境的主观感受。据此，如果员工对目前自己所从事的工作有积极正向的期望，能自如应对工作任务和工作压力，能在工作过程中体验到安全感、自我价值感、认同感、归属感和满意感，我们有理由认为这是一个好的主观心理环境。

据此，本次调查的主观心理环境指数由9个题器构成（见表3），计分方式同上。需要注意的是，需要对b1010、b1008、b1005、b1015、b1016、b1006、b1003、b1007 8个题器进行反向计分。累积分值得到主观心理环境指数，分值越高，主观心理环境越理想。

表3　　　　　主观心理环境指数的因子构成和题器设置

指数	因子	题器
主观心理环境	工作压力	b1012 我时常觉得工作压力大而感到很累
	工作自尊	b1010 我的工作能够体现我的个人价值
	工作安全感	b1008 我不担心我会失业
	工作效能感	b1005 我的工作让我有成就感
	职业期望	b1015 我的工作有良好的发展前景
	组织归属感	b1016 我对现在的单位有一种归属感
	工作满意感	b1006 我对现阶段的工作感到满意
	组织认同感	b1003 我愿意通过个人的努力为组织创造利益
		b1007 我愿意通过个人努力维护组织形象

4. 工作环境三个维度之间的相互关系

通过相关矩阵，具体考察工作环境满意度三个维度之间的关系。表4显示，"组织工作环境"与"主观心理环境"两者之间有着较高的相关关系，相关系数达0.588，且在0.01水平（双侧）上呈显著相关，这说明身处工作自主性、同事支持和领导支持等方面较优的中观组织工作环境中的员工，对工作的主观满意度较高。此外，"主观心理环境"还与"客观工作环境"呈现较高相关，相关系数达0.560，这反映出员工对工作环境的主观满意度，在一定程度上取决于工作岗位给员工提供的工作场所是否舒适,劳动报酬和工作时间是否合理,在何种程度上使其能够兼顾工作和生活的关系。同时,矩阵还显示"客观工作环境"与"组织工作环境"之间也存在紧密关联,相关系数为 0.404,这也能帮助我们产生一种较为合理的假设:一个组织如果能够公平对待每一位员工,提高工作自主性,对其工作提供必要的技术和精神支持,员工在工作场所和劳动报酬方面对这个组织的满意度也有可能相应地得以提升,更有甚者,在该组织工作的员工也能协调其工作与生活上的冲突。

表4　　　　　　　　工作环境满意度三维度的相互关系

	客观工作环境	组织工作环境	主观心理环境
客观工作环境	1	0.404**	0.560**
组织工作环境	0.404**	1	0.588**
主观心理环境	0.560**	0.588**	1

注:** 表示在 0.01 水平(双侧)上显著相关。

基于上述概念梳理与数据分析,在实践方面,本研究试图在工作环境的三维度框架下,了解目前中国城镇居民工作环境满意度现状,探寻其可能的影响因素。在理论方面，本研究试图在此三维结构中，挖掘其内部可能存在的相关关系，从而验证如下三个基本假设。假设一：客观工作环境与组织工作环境存在显著正相关关系。假设二：客观工作环境与主观心理环境存在显著正相关关系。假设三：组织工作环境与主观心理环境存在显著正相关关系。

四 2015年城镇居民工作环境满意状况的总体分析与讨论

（一）工作环境满意度及三维度的结果分析

根据上述理论假设和验证性因素分析的结果，2015年城镇居民工作环境满意度研究将从客观工作环境（包括工作时间、劳动报酬和工作场所）、组织工作环境（包括工作自主性、工作歧视、同事支持和领导支持）、主观心理环境（包括工作压力、工作自尊、工作安全感、工作效能感、职业期望、组织归属感、组织认同感和工作满意度）3个维度展开，由此构成受访者的工作环境的总体满意度。频次分析结果表明，2015年城镇居民工作环境的总体满意度为68.91分（总分为100分，分值越高表示对工作环境越满意），标准差为9.922，呈现负偏态（见图2）。由此可见，2015年城镇居民对工作环境总体的满意度较高。

其中，分别考察工作环境满意度下3个维度的情况

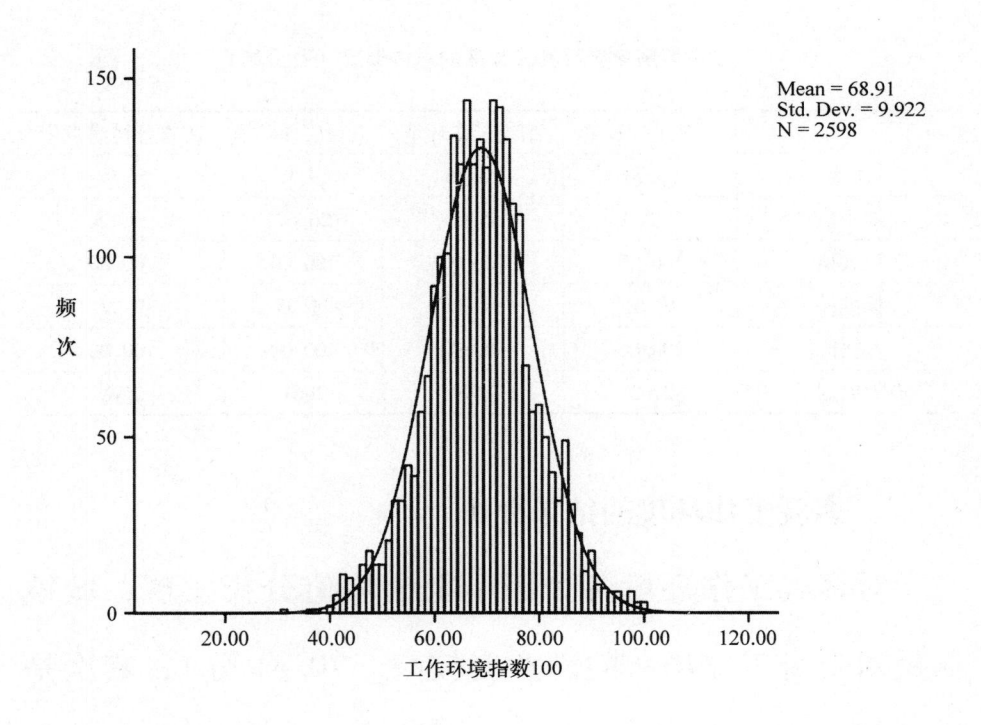

图 2　工作环境满意度的正态分布（分）

发现，中国城镇居民在客观工作环境维度上的得分均值为 65.74 分，组织工作环境得分均值为 70.46 分，主观心理环境得分均值为 69.15 分（百分制计分）。分值越高，表明城镇居民在该维度上的评价越积极。因而，横向对比 3 个维度，中国城镇居民对其组织工作环境的满意度最高，主观心理环境次之，客观工作环境最低（见表 5）。

表5　　　工作环境满意度及其三维度的总体情况（百分制）　　单位：分、个

	客观工作环境	组织工作环境	主观心理环境	工作环境满意度
均值	65.74	70.46	69.15	68.91
最小值	20.00	35.00	26.67	31.25
最大值	100.00	100.00	100.00	100.00
标准差	10.61	11.35	11.35	9.92
总分	100.00	100.00	100.00	100.00
有效数据量	2792	2749	2661	2598

1. 客观工作环境的结果分析

对客观工作环境各个因子上的均值分析发现，城镇居民对自身工作场所的满意度较高（70.41分），其次是劳动报酬（68.27分），对工作时间的满意度最低，仅为58.45分（见图3）。

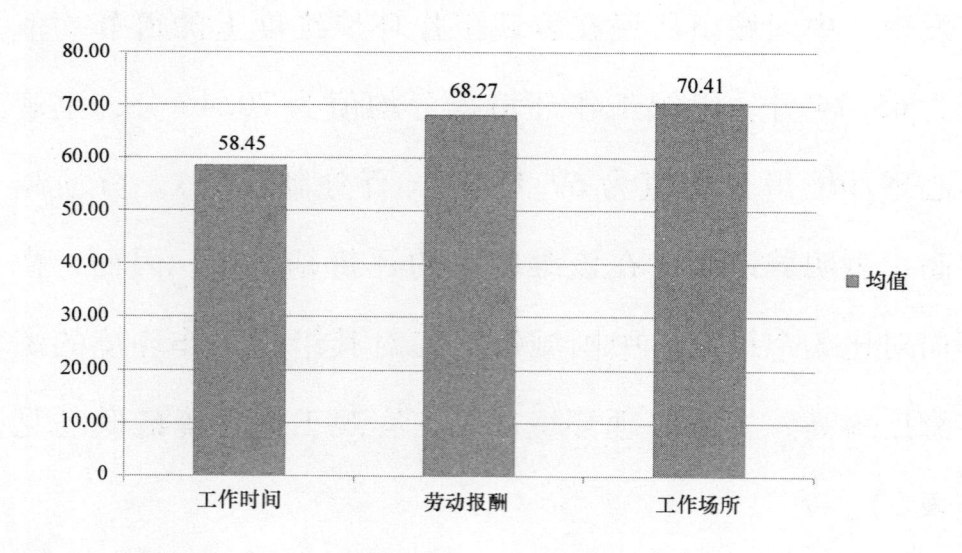

图3　客观工作环境中3个题器的均值比较（分）

为了探寻城镇居民对工作时间满意度相对较低的原因，本次调研还对城镇居民的工作情况进行了详尽的入户访谈。访谈结果显示，城镇居民每周的平均工作时长为46.56小时，超过每周40小时的法定工作时间（一周5个工作日，每天8小时工作时间）。通过数据的频次分析（见图4），我们发现，有44.40%的受访者的工作时间符合法定工作时间或低于40小时/周，23.80%的受访者每周工作时间为41—48小时（相当于一周工作6天），21.30%的受访者每周工作时间为49—56小时（相当于一周工作7天）。另有，还有10.50%的受访者每周工作时长超过56小时，处于超负荷工作状态。对此，中国学者孟续铎和杨河清构建了一个描绘工作时间随社会发展阶段变化的Z形模型，即"随着一个国家的经济不断增长、社会财富不断增加，工作时间首先减少，之后又会增加，最后再次减少"（孟续铎、杨河清，2012）。目前，中国正处在从中低收入国家向中高收入国家、从工业化前中期向工业化后期发展的阶段，根据Z形模型，该阶段将出现劳动者工作时间延长和过度劳动的现象，本次调查结果有效验证了这一模型。同时，通过ANOVA

分析，我们还发现，城镇居民每周工作时长与其工作环境满意度呈显著相关关系（F = 1.924，Sig. = 0.000）。由此可见，加班已经成为非常普遍的职场现象，且严重影响着城镇居民对其工作环境满意度的评价。

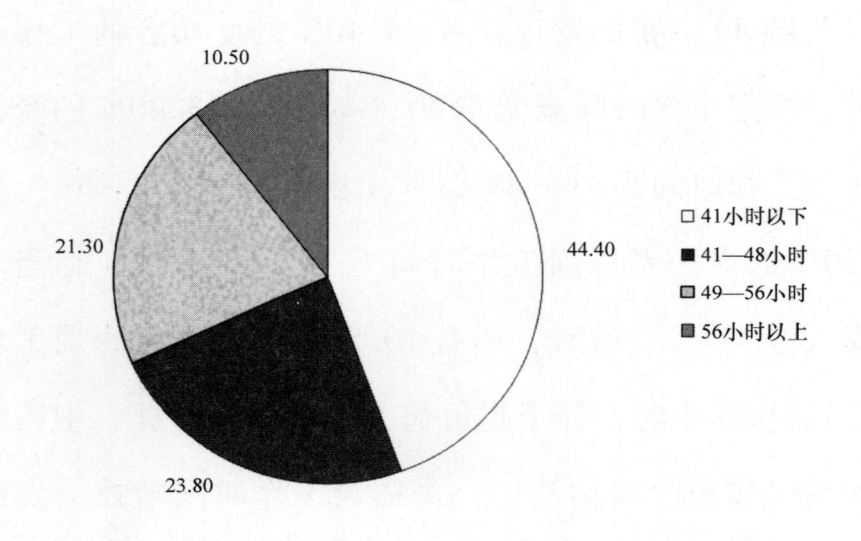

图4 城镇居民周工作时间的频次分布（%）

2. 组织工作环境的结果分析

2015年城镇居民对其组织工作环境的满意度为70.46分（百分制）。其中，城镇居民对其中观组织环境中的同事支持和领导支持评价较高（分别为78.04分和75.09分），而对工作歧视和工作自主性均不太满意，得分分别为 66.21 分和 62.19 分（如图5）。

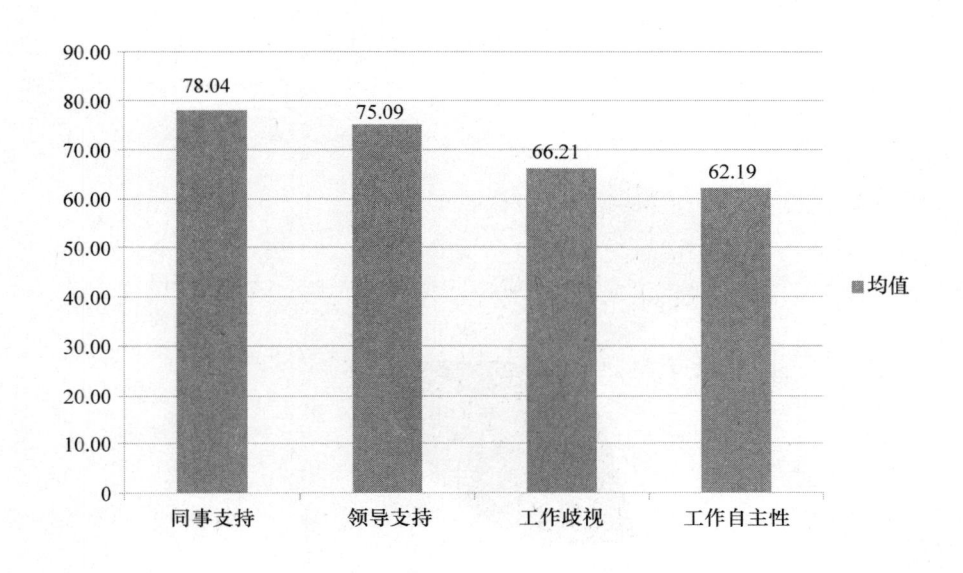

图5 组织工作环境中4个题器的均值比较（分）

如果仔细分析代表工作歧视的题项"在工作中有时会遇到性别和年龄歧视"（见图6），我们发现，在2798名受访者中，针对"工作中会遇到性别与年龄歧视的境况"，6.00%的受访者表示"完全赞同"，19.10%的受访者表示"比较赞同"，29.40%的受访者表示"一般赞同"，比例较高。这从一个侧面说明，尽管劳动公民公平享有工作权并受到包括《中华人民共和国劳动法》等在内的法律法规的保障，但在实际的工作场所中和具体的工作岗位上,劳动者依旧受到性别和年龄等方面的歧视,由此影响城镇居民对工作环境满意度的评价。

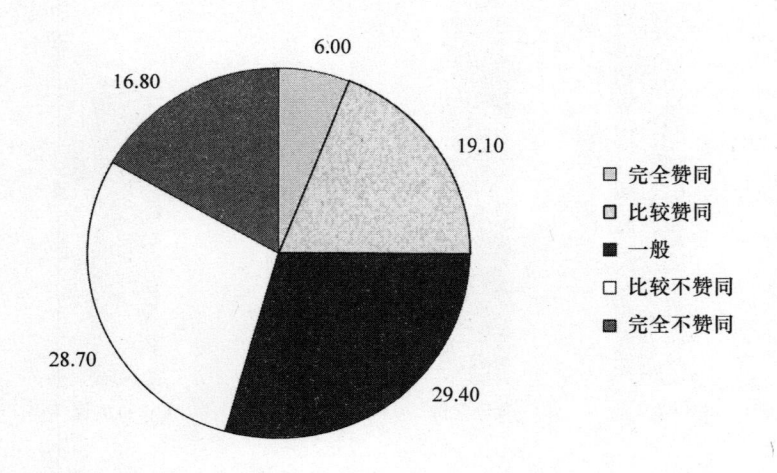

图6 组织工作环境中性别和年龄歧视的认同比例分布(%)

在代表工作自主性的题项"我可以按照自己的时间灵活安排工作任务"上(见图7),数据显示,高达40.20%的城镇居民明确表示组织工作环境在不同程度上限制了其自身的工作自主性。同时,通过ANOVA分析发现,工作自主性与工作满意度存在显著相关关系(F=6.317,Sig. =0.005)。工作自主性之所以可以影响工作满意度,是因为工作自主性反映了个体与组织之间的信

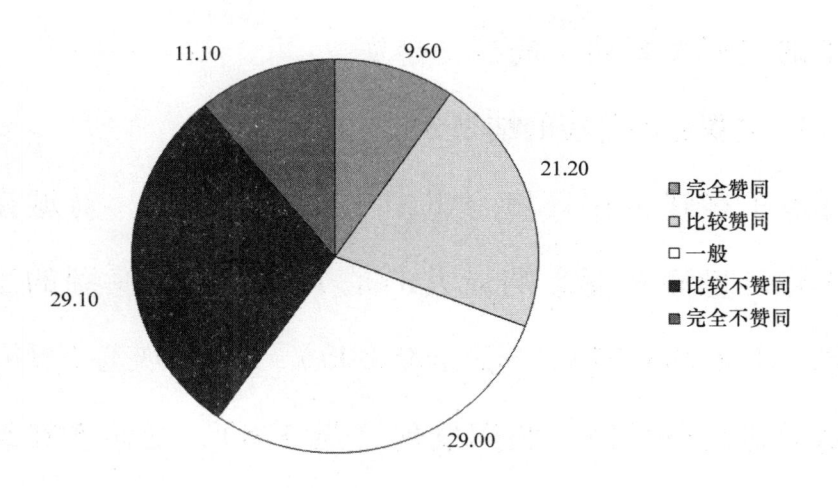

图7 组织工作环境中工作自主性的认同比例分布（%）

任关系（G. P. Baker、R. Gibbons 和 K. J. Murphy，1994）。对此，西特金和罗斯解释到，信任是对某种行为以及某些个人、团队或者组织产生出能够被接受或者满足参与者要求的一种情绪、态度或者预期（S. B. Sitkin 和 N. Roth，1993）。在工作环境中，组织管理者通常用两种方法来表示对其员工的信任：一方面，鉴于工作和工作效率难以量化，所以管理者通过支付效率工资的方式提高劳动生产率；另一方面，由于劳动合同的不完全性，管理者愿意给予员工一定程度的自主性，让其能够自由选择更适合自己的方式去完成工作任务。由此可见，本次调查结果也从一个侧面反映了目前中国组织管理者对员工的信任度普遍不高这一事实。

3. 主观心理环境的结果分析

除了客观工作环境与组织工作环境之外,对城镇居民工作环境满意度影响最大的是个体主观感受到的工作环境（F = 733.313, Sig. = 0.000),即主观心理环境。在对此进行分析时,我们发现（见图8),受访者在组织认同感、工作效能感、工作自尊、工作满意度、组织归属感、职业期望、工作安全感和工作压力8个题器上的得分分别为 77.61 分、71.69 分、70.25 分、69.42 分、68.15 分、66.26 分、64.58 分及 54.31 分,分值越高,表明个体在该项主观体验越正面、积极。

其中,工作压力题器得分仅为 54.31 分,明显低于其他题器。具体分析该指标的题器"我时常觉得工作压力大而感到很累"时发现,高达4065名受访者对"工作压力大"表示了不同程度的认同,占总受访者的 42.20%（见图9)。探寻工作压力的来源,Lewin指出,行为是人和环境互动的方程式,心理紧张源于个体与组织价值观的差异,当个体与组织的价值观不一致时,工作压力就会产生（S. M. Jex, 1998)。对此,他从个体与

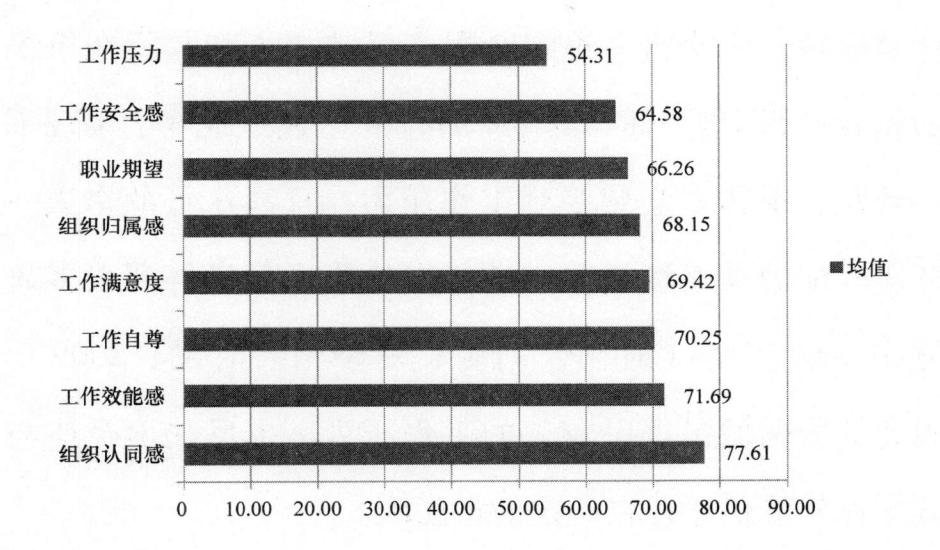

图8 主观心理环境中8个题器的均值比较（分）

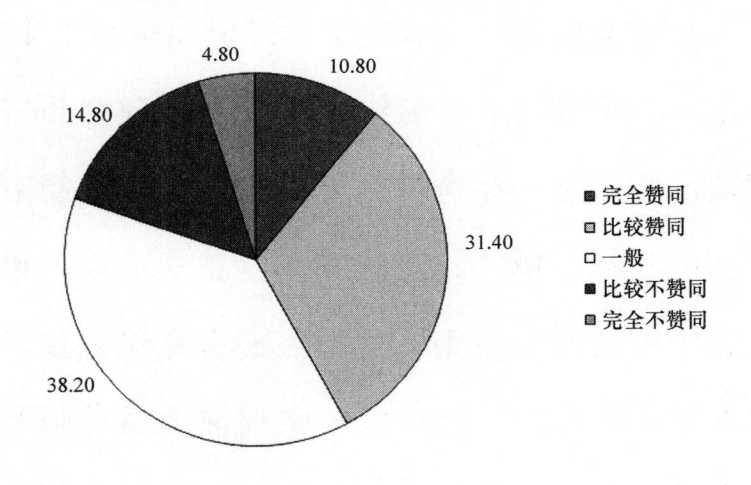

图9 工作压力认同的比例分布（%）

工作环境的匹配角度，将个人—环境匹配分为3种类型：个人—工作匹配（反映个体与其工作要求相适应的水平）、个人—团队匹配（反映个体和所在工作团队的人际兼容性）和个人—组织匹配（反映个人和其所在组织的相容性）。当个体与其工作环境在上述三维度上出现不一致时，个体就会感受到工作压力，且高水平的个人—环境匹配带来高绩效和高满意度的假设已经得到很多研究的一致证明（时雨、刘聪、刘晓倩、时勘，2009）。因此，中国城镇居民较大的工作压力，也反映出个体与其工作环境仍然存在一定的不匹配。

4. 工作环境满意度内部结构的关系讨论

（1）关系路径一：客观工作环境→组织工作环境

在一般的情况下，工作环境也可以理解为一种组织制度安排的产物。在这种制度的安排下，组织成员接受两方面的约束。第一，正式约束。正式约束，也可以称为成文约束或成文规则，是指人们有意识创造的，以正式文本形式颁布的，往往以国家权威为后盾强制实施的一系列规则。正式约束包括政治规则、经济规则、契约等，以及由这一系列规则所构成的等级结构。在本次研究中，我们在客观工作环境子维度下所讨论的物理工作场所、劳动报酬、工作时间就属于此类。在组织中，这些正式约束通过劳动合同、岗位描述、工作操作规范等规范着人们的工作行为。第二，非正式约束。非正式约束是人们在长期交往中无意识形成的行为规则。在本研究中，组织工作环境子维度所涉及的工作自主性、工作歧视、同事支持和领导支持便属于此类。它们通过组织氛围、组织文化等潜在的、不成文的非正式规则约束人们的工作行为。由此，我们在"工作环境即制度安排"的思想下，从正式约束和非正式约束的区分中，将工作环境划分为客观工作环境和组织工作环境两个维度。

在数据分析部分，本研究试图深入挖掘客观工作环境与组织工作环境这两种正式与非正式制度约束之间的关系。结果显示，客观工作环境与组织工作环境存在显著正相关关系，验证了假设一。其中，客观工作环境满意度与同事支持、领导支持和工作自主性呈现显著正相关关系，与工作歧视呈现显著负相关关系（如图10）。

由此可见，组织制度安排下科学合理的客观工作环境，不仅能够缓解工作中的年龄和性别歧视，而且还可以提升组织成员的工作自主性，获得更多来自组织内其他成员及上级领导的工作支持。究其原因，我们可以从客观工作环境与组织工作环境的源头谈起。首先，工作

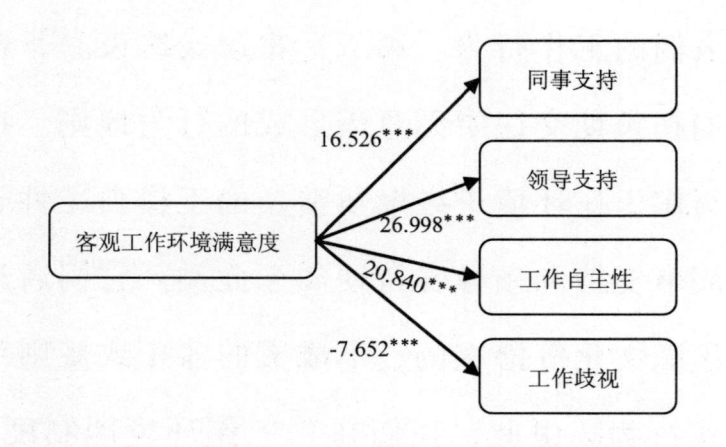

```
                                    ┌─────────┐
                               16.526***  │ 同事支持 │
                                    └─────────┘
                                    ┌─────────┐
                                    │ 领导支持 │
┌──────────────┐  26.998***         └─────────┘
│客观工作环境满意度│                   ┌─────────┐
└──────────────┘  20.840***         │ 工作自主性│
                                    └─────────┘
                               -7.652***  ┌─────────┐
                                    │ 工作歧视 │
                                    └─────────┘
```

图 10 客观工作环境与组织工作环境各题器的关系

注：*** 表示在 0.1 水平上显著相关。

时间、劳动报酬、工作场所三因子所代表的客观工作环境，是通过组织内劳动分工、岗位设置等正式的工作制度或规范设定的。也就是说，组织成员所处的客观工作环境是组织制度安排的结果和表现。对此，人们指出，"不同的组织制度会在一些最根本的问题上给人们的行为提供稳定的、被大家所认可并可不断重复的行为模式，并以此来定义人们在特定组织制度中社会行为的条件"（李汉林、渠敬东，2002）。组织依据工作制度等正式条文为组织成员创造劳动所需的工作场所，规定相应必要的劳动时间和给予相应的劳动报酬，这些制度必然会迫使身处其中的组织成员遵循和适应相应的一系列行为规范和价值取向，从而在工作情景中做出符合制度要求的诸多行为和态度，如同事互动、工作自主性、工作歧视等，使其作为一种组织文化氛围影响组织成员的工作行为。由此可见，合理的制度会带来令组织成员满意的客观工作环境，规范其工作行为和取向，进而将这种规范化延伸到与工作劳动相关的组织工作环境中，从正式与非正式两个渠道，推动组织成员的工作行为。

（2）关系路径二：客观工作环境→主观心理环境

本书讨论的主观心理环境，实质上是组织员工对工作的总体主观体验，是其一切工作行为和工作体验的内在驱动力，涵盖工作压力、工作自尊、工作安全感、工作效能感、工作满意度、职业期望、组织归属感以及组织认同感。社会心理学"态度—行为"理论指出，"一个人的态度与行为之间一般具有一致性"（戴维·迈尔斯，2006），即态度反应是个体行为的"晴雨表"。在一个组织中，员工在工作中的情绪体验将逐渐稳定为一系列的工作态度和工作价值取向，从而影响其工作积极性和组织公民行为的产生。因此，我们把关注的焦点放在了主观心理环境上，并试图探寻提升组织员工主观心理环境满意度的可行路径。

探寻组织员工工作积极性和工作行为的诱因的研究始于"经济人假说"（Hypothesis of Economic Man），这一假设到目前为止仍是居于正统地位的主流经济学中最核心的理论基础。亚当·斯密在其著作《国富论》中较为详尽地阐述了"经济人"的基本内涵：经济人是自利的，追求自身利益的最大化是驱动人的经济行为的根本动机。亚当·斯密说："各个人都不断地努力为他自己所能支配的资本找到最有利的用途。"（亚当·斯密，2014）固然，他所考虑的不是社会利益，而是他自身的利益。这种经济理性到了马歇尔新古典经济学时期，进一步被视为与自身利益最大化等同。在这种"理性经济人"假设的影响下，组织管理者在保障组织利益最大化的基础上试图从环境条件、劳动报酬等方面迎合组织员工的"利己心"，以期在与组织成员的博弈中取得优势，激发其符合组织预期的工作行为。为此，本书试图通过对客观工作环境与主观心理环境的关系进行分析，探讨这种"经济人"假说在当前中国本土环境中是否存在。

ANOVA 分析显示，本研究中受访者对其目前拥有的劳动报酬、工作场所和工作时间评价均与其主观心理环境满意度存在不同程度的显著相关（如图11），这一结果验证了假设二，与此同时，也佐证了"经济人"假说依旧主宰着中国现阶段经济发展下的组织与人。这与中国已经进入经济、社会、文化发展快车道的趋势形成强烈反差：为什么"经济人"假说在高速发展的中国依旧占有一席之地，却没有完全更迭为"社会人""自我实现人"？对此，我们试图从两方面进行解释。首先，按照马斯洛的需要层次理论，人类共有生理需要、安全需要、归属和爱的需要、尊重需要、自我实现的需要5个层次的需要，这5个层次的需要是按照由低到高的顺序依次递增的，人只有在满足了前一个需要的基础上，才会产

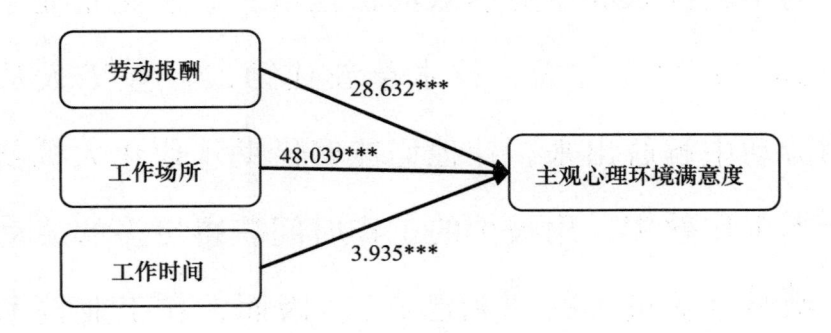

图11 客观工作环境各题器与主观心理环境的关系

注：*** 表示在0.1水平上显著相关。

生新的需要。也就是说,"社会人""自我实现人"是在人们满足了衣食住行和安全等基本需要的前提下才会表现出来的人性特点,在中国社会生产还不够发达的国情下人仍会表现出极大的"经济人"特点。其次,从中国产业结构现状来看,第一、第二、第三产业结构比较粗放和落后,第一产业现代化程度很低;在我国产业结构中所占比例较高,但其内在素质不高、低水平重复多;第三产业发展快,但水平仍不高,不能适应现代经济发展的需要(谭顺福,2007)。其中,第二产业在中国整个经济中的比重仍然最大,它包括电力产业、钢铁产业、建材工业、能源工业等,其优化发展最主要的内驱力来源于技术革新。一方面,技术革新带动机器化大生产的不断深入和企业绩效的快速增长,满足企业主的"利己心";另一方面,技术革新让第二产业工人从繁重的劳动中解脱出来,让他们能够借助现代化大机器提升个人工作效率,用最少的工作时间获得更多的劳动报酬,满足企业员工的"利己心"。因而,在工业技术革新带给员工劳动技术、提升其工作效率的同时,员工作为"经济人"的"利己心"便在工作场所、劳动报酬和工作时间上凸显出来。

(3) 关系路径三：组织工作环境→主观心理环境

霍桑试验告诉我们，组织中的员工不是被动的、孤立的个体，他们的行为不仅仅受工资的刺激；影响其生产效率的最主要因素并不是劳动报酬和物理工作条件，而是工作中的人际关系。也就是说，人是"社会人"，而不是"经济人"。据此，本研究在探寻中国组织员工的"经济人"属性的同时，也期望探索其"社会人"特质。

ANOVA分析告诉我们，本研究中同事支持、领导支持、工作自主性和工作歧视所构成的组织工作环境与受访者主观心理环境满意度存在不同程度的相关关系（如图12）。该结果较好地验证了假设三，同时也说明中国城镇居民除了具有"经济人"属性外，还具有一定的"社会人"属性。这一结论，早在梅奥的霍桑试验时期就已经被发现。霍桑试验告诉我们，金钱、物理工作条件并非刺激员工积极性的唯一动力，新的激励重点必须放在社会、心理方面，以使人们更好地合作并提高生产率。沿着这条研究脉络，人际关系学派后来的研究者们

50　国家智库报告

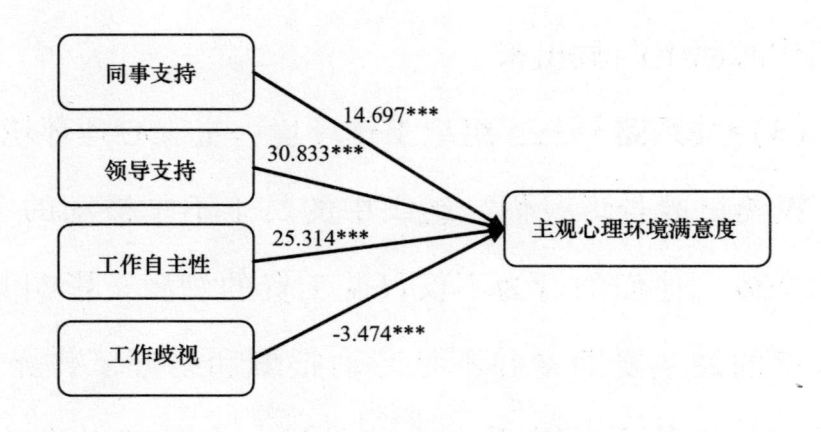

```
同事支持 ──14.697***──→
领导支持 ──30.833***──→   主观心理环境满意度
工作自主性 ──25.314***──→
工作歧视 ── -3.474*** ──→
```

图 12　组织工作环境各题器与主观心理环境的关系

注：*** 表示在 0.1 水平上显著相关。

发现了"非正式组织"的存在。他们认为，人是社会高级动物，在共同工作过程中，人与人之间必然发生联系，共同的社会感情让他们在组织中形成了非正式群体。这种无形组织有其特殊感情、规范和倾向，并且左右着群体里每一位成员的行为。然而，他们对这种非正式组织对员工行为的影响研究还不够。对此，心理学引入"组织氛围"这一概念来解释非正式组织对组织员工的意义，试图厘清组织中员工作为"社会人"的诉求及其对个体工作行为的驱动机制。大量的研究（王元元等，2012；王士红等，2013；张超，2012）都表明，创新氛围、公平氛围、人际氛围、支持氛围、身份认同等组织氛围的各维度均对员工工作行为有不同程度的影响。归纳组织氛围的相关研究，我们从组织氛围的维度讨论中梳理出，营造组织氛围主要有两条路径：人际互动与组织制度安排。一方面，组织成员必须从与同事的交流和互动中了解组织运作的流程、组织对员工的角色期望、成员们公认的规范、组织内的地位和权力结构、惩罚体系等，长此以往，组织氛围便在组织成员的组织社会化过程中形成。另一方面，我们还发现，组织氛围除了在组织社会化的潜移默化中产生之外，还可以由组织通过一系列组织制度安排，用"看得见的手"规范组织成员的工作行为与价值取向，这种个体层面的行为模式和感知通过同级交流、上下级交流等相互作用得以放大，从而成为组织层面的氛围。对此，本研究着眼于组织制度安排下的组织氛围，用"组织工作环境"这一潜变量来区别于心理学话语下的组织氛围，所得结果也再次验证了组织员工作为"社会人"的属性及其影响的存在。受访者对支持氛围（同事支持、领导支持）、公平氛围（工作中的年龄、性别歧视）、创新氛围（工作自主性）的满意度越高，便会不同程度地正面影响其对工作的总体评价与对组织的态度，进而提升其组织中角色内行为和角色外行为的有效性。

（二）工作环境满意度及三维度的历年比较分析

为了了解城镇居民对工作环境满意程度的动态变化，我们将2015年所获取的数据与2014年所获取的数据进行比较。结果表明（见图13），与2014年相比，2015年城镇居民总体工作环境满意度——客观工作环境满意度、组织工作环境满意度、主观心理环境满意度，均呈现上升趋势。其中，2015年城镇居民总体工

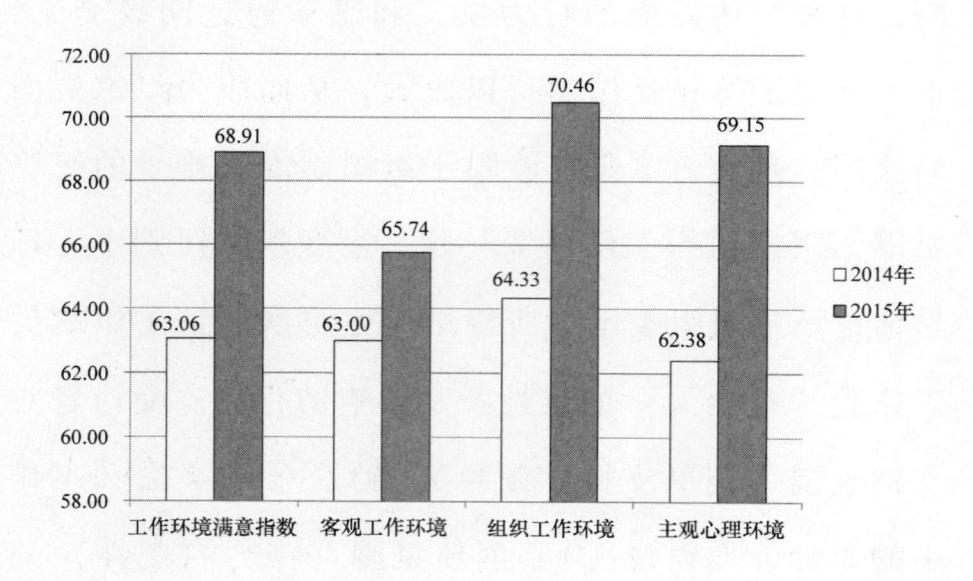

图13 工作环境满意度及其三维度比较（2014—2015）（分）

作环境满意度同比增长5.85分,客观工作环境满意度同比增长2.74分,组织工作环境满意度同比增长6.13分,主观心理环境满意度同比增长6.77分。这表明,2015年城镇居民对其工作环境的主观评价更加正向和积极。

具体对三维度中的各个题器进行分析,我们发现工作环境满意度调查问卷中大多数题器上的得分均比2014年有所增长。若论增长幅度高低,2015年城镇居民在工作效能感、工作歧视和工作场所题器上的得分增长较快。但值得注意的是,调查结果表明,2015年城镇居民对工作时间、工作自主性的满意度呈下滑趋势。例如,2014年城镇居民在工作时间题器上的得分为58.86分,2015年同比下降0.41分;2014年城镇居民在工作自主性题器上的得分为62.54分,2015年同比下降0.35分(如图14)。这从一个侧面反映了,在中国目前产业结构转型、步入中高收入国家的过程中,作为国家经济发展参与者的城镇居民在心理上所承受的压力和在个人发展上所遭受到的限制。

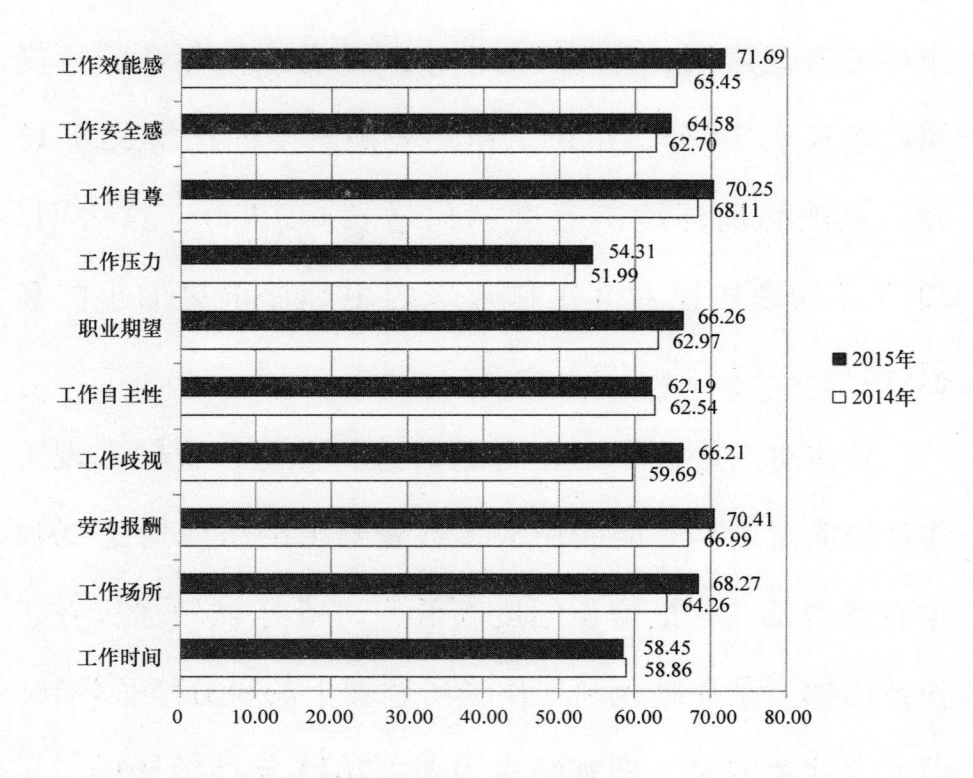

图 14 工作环境各个题器上的均值比较（2014—2015）（分）

（三）讨论

1. 2015 年城镇居民工作环境满意度较高，同比上升 5.85 分

本次调查结果表明，2015 年城镇居民对自己所处的工作环境总体满意度较高，与 2014 年相比同比增长 5.85 分。分别考察工作环境满意度 3 个维度发现，与 2014 年相比，2015 年城镇居民对其主观心理环境的满意度增长幅度最大，其次是组织工作环境满意度，客观工作环境满意度增长幅度最小。我们或许可以从2015年经济"新常态"下的两个变化中探寻城镇居民对工作环境满意度的评价得以提升的原因。

首先，"新常态"经济背景下，中国国内大部分工业领域产能过剩现象较为突出、工业生产价格持续下降、企业生产经营困难重重。各项经济指标显示：中国已经面临"刘易斯"拐点，在人口红利即将消失和环境承载力不断下降的约束下，出现了第三产业的比重领先于第二产业的经济发展现象。在这场规模较大的产业结构升级过程中，劳动密集型产业、高耗能的重化工产业逐渐萎缩，取而代之的是服务业、互联网产业和高端产业，如汽车产业、造船业和高铁制造业等新兴产业。这种产业结构的优化为劳动力市场提供了大量第三产业的岗位空缺，城镇居民有更多机会摆脱工作条件恶劣和工作程序缺乏自主性的各种工作岗位，而选择工作环境更为健康和工作性质更加灵活的工作岗位，实现工作性质的升级。因而，物理工作环境的优化和产业运行制度的灵活很有可能会促进城镇居民工作环境满意度的提升。

其次,"新常态"经济背景下,中国国内经济增长开始从过去更多地依靠固定资产投资转向寻求企业"内生动力"。"内生动力"一词来源于新经济增长理论中美国经济学家卢卡斯提出的"人力资本溢出"模型和罗默提出的"知识溢出"模型,其核心要义有两个:一是技术创新进步,二是人力资本积累。这一理论对于企业同样适用。从技术创新的角度看,开发新产品、创造新工艺、推广新技术和转化成果,依然是实现一个企业技术创新进步的最佳途径。为此,中国企业正积极有效地建立更加健全的企业管理制度,推行内部机制改革,进而逐步破除阻碍企业员工工作创新的约束,彻底解除捆绑员工创新动力的诸多限制。从人力资本积累的角度看,美国经济学家舒尔茨在20世纪60年代提出了人力资本理论,后受到西方国家的普遍重视。美国、日本、德国等发达国家无一不是依靠巨大的人力资本投资,创建高水平的教育体系,培养出高素质的人才,为经济发展提供源源不断的动力源泉。而在中国,近年来高等院校扩招和应用型本科学校增加等因素,使中国形成了人力资本的高速积累,为人力资本质量的提升创造了条件。因此,一方面，优化企业内部管理制度和解放员工工作约束有利于提高城镇居民对组织工作环境的满意度；另一方面，从文化修养和职业能力上提升人力资本质量，也使得适龄劳动群体有较高的工作智商、情商和逆商去应对工作中的各种问题，进而在工作中获得较为积极的情绪体验。

2. 城镇居民对客观工作环境的评价总体较高，但加班工作现象仍然较为严重

尽管从总体来看，城镇居民对客观工作环境的评价尚可，但是具体剖析各个考察因子发现，城镇居民在工作时间上的满意度却不高，仅为58.45分，与2014年相比，同比下降了0.41分。数据显示，2015年城镇居民平均每周工作时间为46.56小时，较之2014年的49.30小时，工作时间总体有所下降，但是加班现象依然严重。高达72.00%的受访者反映其在工作中存在不同程度的加班现象。其中，23.80%的受访者每周工作时间为41—48小时（相当于一周工作6天）；21.30%的受访者每周工作时间为49—56小时（相当于一周工作7天）；还有10.50%的受访者每周工作时间超过56小时，处于超负荷工作的状态。导致加班工作现象严重的原因主要有两个。第一，被迫加班。在目前的职场上，加班似乎已经成为一种常态。不少用人单位把加班视作完成订单和季节性工作任务的主要方式，尤其是一些小型企业通常会面对接单不容易及时间紧任务重的情况，加班就成为他们获取利润的主要方式。第二，"利益作祟"。中山大学社会科学调查中心发布的《中国劳动力动态调查：2015年报告》的数据结果显示，超过60.00%的加班雇员是"自愿加班"，其"自愿加班"的原因是雇员获得直接经济回报的劳动报酬过低，单位时间的收入质量不高，所以他们不得不通过加班的方式来提高自己的收入。

3. 城镇居民对中观组织环境的评价整体提升，但较低的工作自主性成为降低组织工作环境满意度的影响因素之一

本次研究从同事支持、领导支持、工作自主性和工作歧视4个方面考察城镇居民对自己所处的组织内部工作环境的评价。结果显示，2015年城镇居民对其组织工作环境的满意度为70.46分，整体评价与2014年相比，增长了6.13分。尽管城镇居民对组织工作环境的评价较高，但在工作自主性上的得分却较2014年有所降低。这一结果与企业管理模式的转型不无关系。在当前中国经济进入"三期叠加"的"新常态"背景下,企业正面临着利润日益收缩以及发展壁垒重重的双重挑战,企业一方面要强化自身的业务转型;另一方面要向管理要效益、向管理要利润,以保证企业具有持续的竞争力。精细化管理与高效的流程管控作为有效控制企业运营成本,提升组织管理效率和整体执行力的先进管理理念已被越来越多的企业所采纳。精细化管理是社会分工的精细化,以及服务质量的精细化,它是现代管理的必然要求,是建立在常规管理的基础上,并深化常规管理的基本思想和管理模式,是一种以最大限度减少管理所占用资源和降低管理成本为主要目标的管理方式。在这种管理理念下,管理责任具体化和明确化,每项工作程序化、标准化和数据化,必然会在短时间内全面提高企业管理制度的有效性并提升企业生产效率。但是,如此精准的管理模式也可能会导致工作流程过于循规蹈矩,工作者的能动性和自主性大大降低。

4. 城镇居民对主观心理环境满意度较高,但工作压力问题在职场日渐凸显

为了更加全面地了解城镇居民对工作的主观体验,本年度的调查在主观心理环境维度上增设了组织归属感、组织认同感和工作满意度3个题器以探寻城镇居民对单位组织和整体职业状况的态度。结果显示，2015年城镇居民在职业归属感上的得分为68.15分，在组织认同感上的得分为77.61分，在工作满意度上的得分为69.42分。除此之外，2015年城镇居民在工作压力、工作自尊、工作安全感、工作效能感和职业期望5个方面的得分均优于2014年。由此可见，尽管2015年中国就业市场形势依然严峻，但是，城镇居民无论是在对工作环境的评价上，还是在对组织的认同上都表现出积极的态势。

然而，这种积极乐观的态势并不能掩盖员工在职场感受到的日益严峻的工作压力问题。横向对比2015年城镇居民对工作环境的各项主观体验发现，工作压力题器上的得分明显低于其他题器，为54.31分（分值越低，满意度越低，工作压力越大）。进一步考察发现，这种工作压力在农民工和城镇职工之间（F = 0.625，Sig. = 0.429）、本地人与外地人之间（F = 0.308，Sig. = 0.579），甚至在性别（F = 0.010，Sig. = 0.922）和年龄（F = 0.937，Sig. = 0.456）、受教育程度（F = 1.177，Sig. = 0.309）等人口变量上并不存在差异，却在个人月收入（F = 4.301，Sig. = 0.001）和家庭月收入（F = 5.396，Sig. = 0.000）上差异显著。

这一方面表明，城镇居民对自己的工作环境是否满意，在很大程度上受到这项工作给其带来多大程度的工作压力的影响。另一方面也反映出，目前城镇居民工作压力问题与其收入较低状况存在直接关联。工作超负荷、职业发展期望、家庭经济支持、人际纠纷及住房问题等因素所带来的压力，在他们所从事的工作上汇集。于是，工作被赋予除获取劳动回报的目标之外的更多诉求，他们期望在工作中获得更理想的经济收入并积累良好的人脉。这使城镇居民在工作中感受到的压力变得愈来愈大，导致"过劳死"的社会现象屡屡出现。

五 城镇居民工作环境的人口学变量分析与讨论

（一）人口学变量的影响结果分析

在这个部分，我们将通过几个重要的人口学变量（性别、年龄、民族、户口性质、收入水平、受教育程度、工作性质等）来分析城镇居民工作环境满意度的差异。

1. 自然特征变量：性别、年龄、婚姻状况、民族、宗教信仰

在对受访者的自然特征的初步分析中（参见表6），我们发现，工作环境满意度仅在年龄这一变量上存在显著差异（F = 2.443，Sig. = 0.032）。除此之外，在性别（F = 0.070，Sig. = 0.792）、婚姻状况（F = 2.289，Sig. = 0.058）、民族（F = 1.001，Sig. = 0.317）和宗教信仰（F = 1.376，Sig. = 0.241）上均不具有统计学意义上的显著差异。

表6　　　　　　工作环境满意度在自然特征变量上的差异性

变量		均值（Mean）	样本数（N）	差异显著性
性别	男性	68.86	1310	F = 0.070, df = 1, Sig. = 0.792
	女性	68.97	1288	
年龄	16—20 岁	65.86	61	F = 2.443, df = 5, Sig. = 0.032
	21—30 岁	68.56	932	
	31—40 岁	68.86	738	
	41—50 岁	69.78	680	
	51—60 岁	68.72	179	
	61 岁以上	69.22	8	
婚姻状况	未婚单身	68.08	504	F = 2.289, df = 4, Sig. = 0.058
	同居	67.95	28	
	已婚	69.30	2005	
	离婚	66.61	35	
	丧偶	66.41	8	
民族	汉族	68.96	2497	F = 1.001, df = 1, Sig. = 0.317
	少数民族	67.93	98	
宗教信仰	信教	69.88	141	F = 1.376, df = 1, Sig. = 0.241
	不信教	68.87	2447	

（1）性别在客观工作环境、组织工作环境两因子上存在显著差异

尽管性别对工作环境的总体满意度没有显著影响，但是，当我们深入考察其对工作环境满意度中的客观工作环境、组织工作环境和主观心理环境三因子的影响时发现，城镇居民对客观工作环境、组织工作环境的评价

在性别上还存在统计学意义上的显著差异。数据分析的结果显示（见图15），在主观心理环境因子上，男性与女性的差异性并不显著（F=0.030，Sig.=0.864）；而在客观工作环境因子上，男性得分为64.98分，低于女性的66.52分，且 F=10.513，Sig.=0.001。这表明，男性受访者对客观工作环境的满意程度显著低于女性受访者；在组织工作环境因子上的得分情况恰好相反，男性得分为70.93分，高于女性的69.99分，且 F=4.777，Sig.=0.029。这表明男性受访者对其组织工作环境的评价显著高于女性受访者。

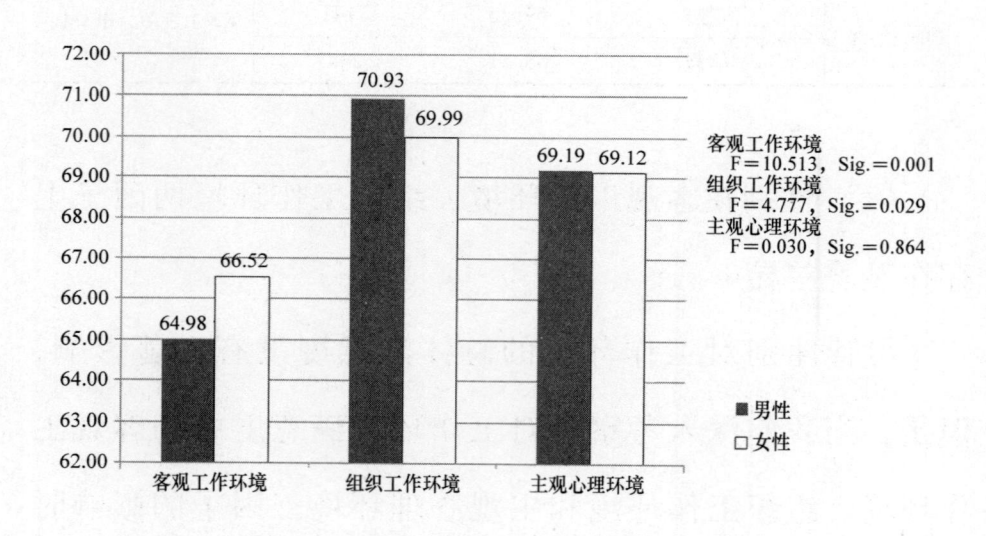

图15 工作环境三因子在性别上的差异性（分）

（2）工作环境满意度及其因子在年龄上存在不同程度的显著差异

具体考察年龄在工作环境满意度及其三因子上的相关程度，我们发现，处在不同年龄阶段的城镇居民不仅在工作环境满意度上存在显著差异（F = 2.443，Sig. = 0.032），而且，在客观工作环境（F = 4.086，Sig. = 0.001）、主观心理环境（F = 3.512，Sig. = 0.004）上也存在显著差异。

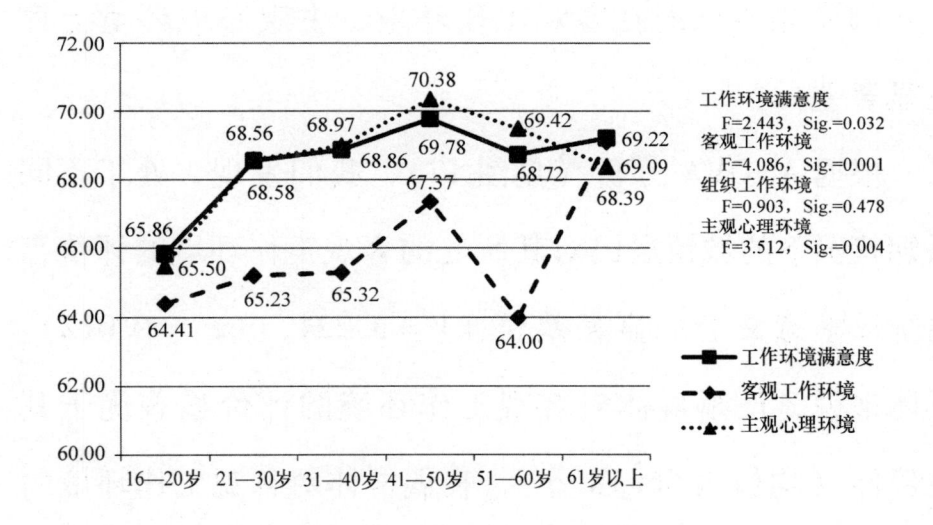

图16 工作环境满意度及其三因子在年龄上的均值分布及显著性（分）

如图16所示，城镇居民对工作环境的满意度随着其年龄的增长呈现出稳步上升的趋势，其中，41—50岁的受访者对目前自身的工作环境满意度显著高于其他年龄阶段的受访者。在工作环境满意度的三因子中，这一现象同样出现在主观心理环境这一因子上，41—50岁的受访者在工作满意度、组织认同感、组织归属感等心理体验上显著优于其他群体。此外，不同年龄阶段的受访者对客观工作环境的态度也存在显著差异，51—60岁的受访者对其客观工作环境（工作时间、工作场所、劳动报酬）的评价显著低于其他年龄阶段的受访者。

（3）婚姻状况在客观工作环境、主观心理环境上存在显著差异

根据 ANOVA 分析（见图17），我们发现，处于不同婚姻状况下的城镇居民对其所处的客观工作环境的评价存在统计学意义上的显著差异（F = 3.224，Sig. = 0.012）。具体来说，已婚群体对客观工作环境的评价显著优于其他群体（均值为66.18分），丧偶群体对客观工作环境的评价最低，均值为59.17分。此外，婚姻状况对城镇居民主观心理环境也有一定程度的影响（F = 2.687，Sig. = 0.030）。已婚群体的主观心理体验显著优于其他群体（均值为69.64分），而在婚姻上并不理想（如离婚、丧偶）的群体在工作中的主观感受明显较差（均值

分别为 67.65 分、67.41 分)。

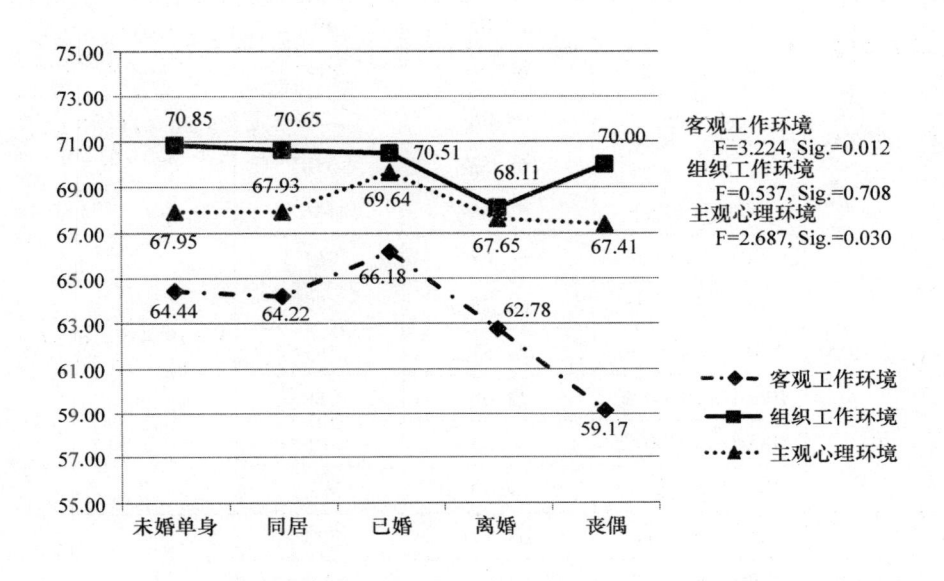

图 17 工作环境三因子在婚姻状况上的均值分布及显著性(分)

2. 社会特征变量:户口类型、收入水平、受教育程度

对受访者的一些社会特征变量(包括户口类型、户口所在地、家庭月收入、个人月收入、受教育程度)进行分析发现(见表 7),受访者的工作环境满意度在家庭月收入($F=19.419$,Sig. $=0.000$)、个人月收入($F=7.946$,Sig. $=0.000$)、受教育程度($F=9.417$,Sig. $=0.000$)上呈现出显著差异。

表7　　　　　　工作环境满意度在社会特征变量上的差异性　　　　　单位：分、个

变量		均值（Mean）	样本数（N）	差异显著性
户口类型	农业户口	68.85	499	F=0.034，df=1，Sig.=0.855
	非农业户口	68.94	2092	
户口所在地	本市县	68.98	2264	F=0.574，df=1，Sig.=0.449
	外市县	68.53	318	
家庭月收入	3000元及以下	67.83	136	F=19.419，df=6，Sig.=0.000
	3001—6000元	66.68	761	
	6001—8000元	68.73	517	
	8001—10000元	70.81	399	
	10001—20000元	72.09	388	
	20001—30000元	70.63	40	
	30001元及以上	79.50	15	
个人月收入（包括各种收入）	2000元以下	68.77	223	F=7.946，df=5，Sig.=0.000
	2001—4000元	67.94	1346	
	4001—6000元	70.14	730	
	6001—8000元	69.76	147	
	8001—10000元	71.33	74	
	10001元以上	73.55	43	
受教育水平	没有受过任何教育	84.38	2	F=9.417，df=8，Sig.=0.000
	小学	65.38	26	
	初中	67.43	272	
	高中	67.07	618	
	中专技校	68.39	273	
	大学专科	69.28	776	
	大学本科	71.19	587	
	研究生及以上	72.64	35	

（1）户口类型在组织工作环境因子上存在显著差异

不同户口类型的城镇居民在工作环境满意度上不存在显著差异。具体考察工作环境内部三因子发现，受访者的客观工作环境（F=0.305，Sig.=0.581）、主观心理环境（F=0.905，Sig.=0.341）在户口类型上也不存在显著差异。但是，在组织工作环境这一因子上，农村户口受访者的得分（均值为71.83分）显著高于非农村户口受访者（均值为70.15分，F=9.400，Sig.=0.000）（见图18）。

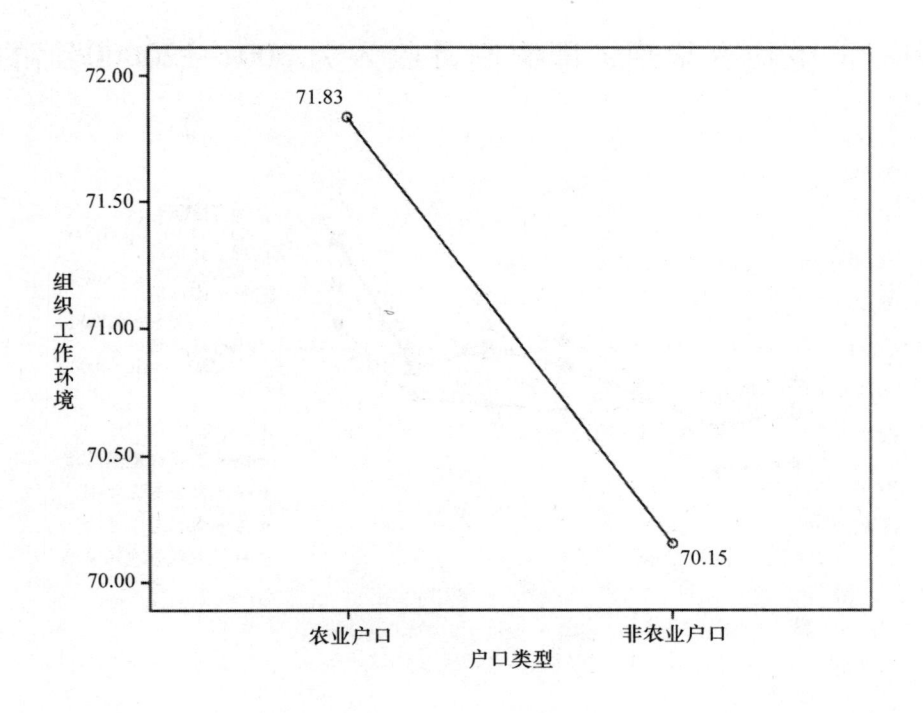

图18 组织工作环境因子在户口类型上的均值分布（分）

(2) 工作环境满意度及其三因子在家庭月收入上存在显著差异

随着家庭月收入的增加,城镇居民的工作环境满意度均呈现稳步增长的趋势(F = 19.419, Sig. = 0.000)。具体分层考察家庭月收入(见图 19)时,我们发现,家庭月收入为 3001—20000 元组别的受访者在工作环境满意度上呈现匀速增长的趋势,在 20001—30000 元组别上出现下滑,随后依旧呈现波动增长的趋势。上述波动上升趋势在客观工作环境、组织工作环境和主观心理环境因子上也均有呈现,即家庭月收入为 3001—20000 元的

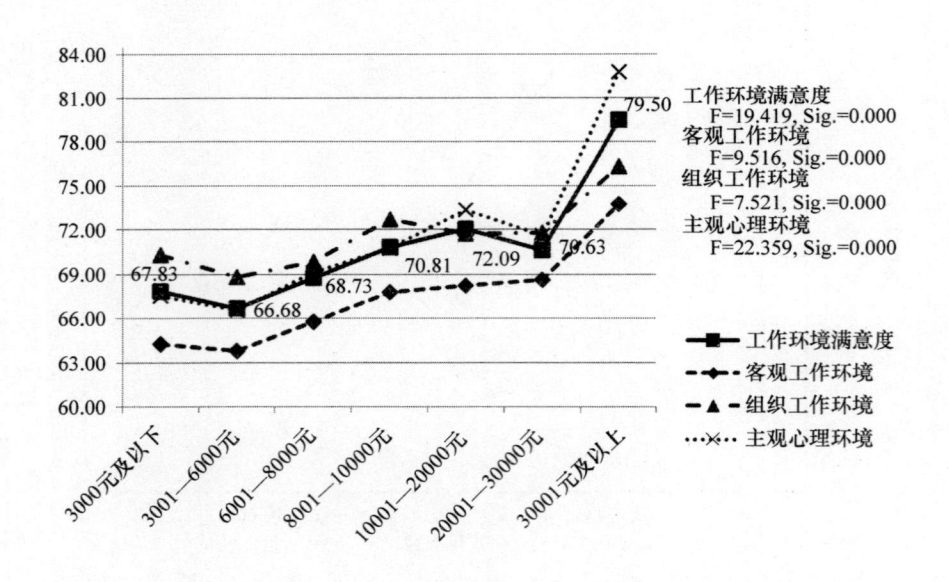

图 19 工作环境满意度及其三因子在家庭月收入上的差异分析(分)

受访者在三因子上呈现匀速上升趋势，家庭月收入为20000元以上的受访者在主观心理环境上呈现波动上升趋势，差异显著。

（3）工作环境满意度及其三因子在个人月收入上存在显著差异

从个人月收入考察发现（见图20），随着个人月收入的不断增加，城镇居民的工作环境满意度呈现出显著的波动上升趋势（F=7.946，Sig.=0.000）。具体分析其下三因子发现，受访者在客观工作环境（F=2.925，

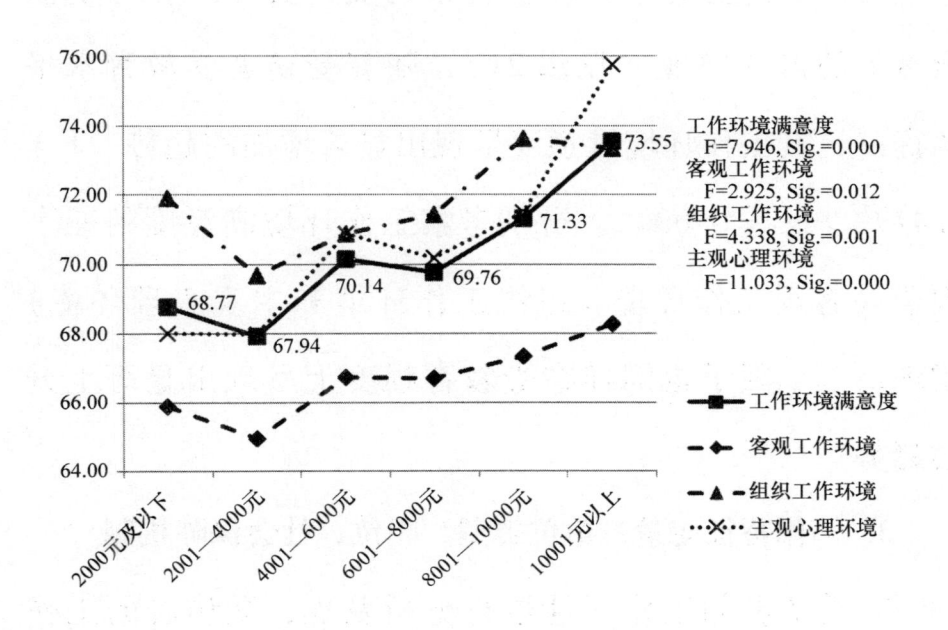

图20 工作环境满意度及其三因子在个人月收入上的差异分析（分）

Sig. = 0.012)、组织工作环境（F = 4.338，Sig. = 0.001）和主观心理环境（F = 11.033，Sig. = 0.000）上的得分均呈现出显著的匀速上升趋势。值得注意的是，在工作环境满意度及其三因子的波动上升的过程中，个人月收入在6001—8000元组别上，明显可以看出，曲线跌入低谷。这表明，随着个人月收入的增长，城镇居民工作环境满意度波动上升；但当城镇居民的个人月收入达到一定数值时，该指数的上升速度有所减弱。

（4）工作环境满意度在受教育程度上存在显著差异

具体分析拥有不同教育背景的受访者在工作环境满意度上的得分发现（见图21），随着受访者受教育水平的提高，其工作环境满意度呈现出显著增加的趋势（F = 9.417，Sig. = 0.000）。分别考察工作环境满意度的三个因子（客观工作环境、组织工作环境和主观心理环境）发现，三个因子也同样在受教育程度上呈现出显著上升的趋势。

3. 工作特征变量：单位类型、职位、社会保障机制

对受访者的工作属性进行分析发现，受访者的工作环境满意度在单位类型（F = 21.925，Sig. = 0.000）、单

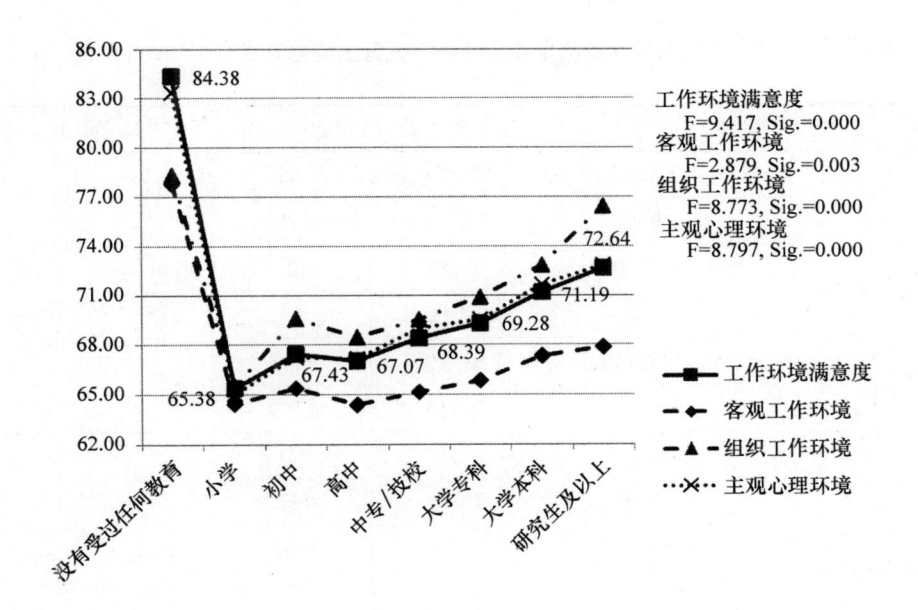

图 21　工作环境满意度及其三因子在受教育程度上的差异分析（分）

位性质（F = 9.935，Sig. = 0.000）、不同职位（F = 16.832，Sig. = 0.000）方面呈现显著差异。此外，在不同的社会保障福利上也存在显著差异（见表 8）。

（1）不同单位类型中的城镇居民在工作环境满意度及其三因子上有显著差异

当我们对不同单位的城镇居民进行工作环境满意度比较时，我们发现（见图 22），工作单位是党政机关及其派出机构、事业单位的受访者在工作环境满意度上的均值都超过 70.00 分，显著高于其他受访者。具体考察

表8　　　　工作环境满意度在工作特征变量上的差异性　　　　单位：分、个

变量		均值（Mean）	样本数（N）	差异显著性
单位类型	党政机关及其派出机构	74.13	40	F = 21.925, df = 5, Sig. = 0.000
	事业单位	70.65	492	
	居委会/村委会	67.61	103	
	社会团体	79.06	45	
	个体工商户/自营职业者	68.19	1918	
	企业	62.05	1749	
单位性质	国有	70.43	631	F = 9.935, df = 5, Sig. = 0.000
	集体所有	71.22	202	
	私营/民营	67.89	1556	
	港澳台资	69.23	13	
	外资所有	72.31	52	
	中外合资/中外合作	68.36	124	
职位	领导	76.29	34	F = 23.098, df = 2, Sig. = 0.000
	中层管理人员	71.14	388	
	普通职工	68.34	2136	
社会保障	养老保险 有	69.34	2060	F = 19.685, df = 1, Sig. = 0.000
	养老保险 没有	67.19	520	
	医疗保险 有	69.18	2231	F = 11.105, df = 1, Sig. = 0.000
	医疗保险 没有	67.31	360	
	失业保险 有	69.61	1535	F = 17.469, df = 1, Sig. = 0.000
	失业保险 没有	67.93	1006	
	住房公积金 有	70.01	1234	F = 28.763, df = 1, Sig. = 0.000
	住房公积金 没有	67.91	1314	

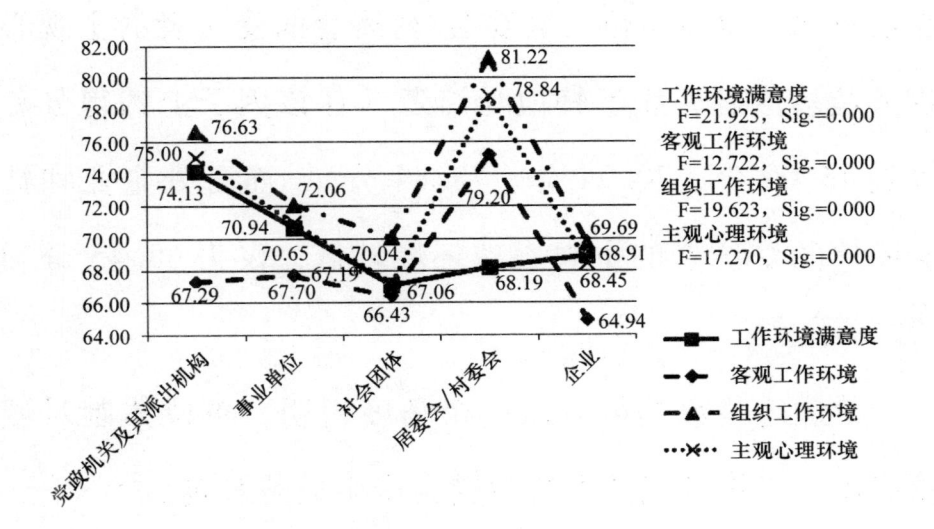

图22 工作环境满意度及其三因子在单位类型上的差异分析（分）

工作环境满意度的三因子，我们还发现，在客观工作环境因子上，在居委会/村委会工作的受访者均值达75.20分，显著高于其他受访者；在企业工作的受访者（客观工作环境评价分数为64.94分）和在社会团体工作的受访者（客观工作环境评价分数为66.43分），其得分明显低于其他受访者。在组织工作环境因子上，在党政机关及其派出机构、事业单位、居委会/村委会工作的受访者均值超过72.00分，显著高于其他受访者；但在企业工作的受访者的客观组织环境指数仅为69.69分，显著低于其他受访者。在主观心理环境因子上，党政机关及其派出机构、事业单位、居委会/村委会的受访者的主观心理环境均值显著优于其他受访者（在该因子上的得分分别是75.00分、70.94分、78.84分），而身处企业和社会团体的受访者的主观心理环境较低，仅为68.45分和67.19分。

上述这些数据可以从一个角度说明，单位体制对城镇居民在工作环境的主观感受会产生显著影响。

（2）城镇居民的工作环境满意度及其三因子在单位性质上存在显著差异

通过ANOVA分析结果，我们发现身处不同性质单位中的城镇居民对其工作环境的态度存在显著差异。由图23可知，在外资企业中的受访者对其工作环境的满意度最高，均值高达72.31分；而在私营/民营单位工作的受访者满意度最低，均值仅为67.89分。

具体考察工作环境满意度下的三个因子，我们发现，客观工作环境、组织工作环境和主观心理环境三个因子在单位性质上均存在显著差异，并且在外资企业工作的受访者对其客观工作环境、组织工作环境和主观心理环境得分均显著高于在其他单位工作的群体（在外资企业工作的受访者在客观工作环境、组织工作环境和主观心理环境上的得分均值分别为 71.31 分、72.78 分、72.26 分)。此外,在中外合资/中外合作企业中工作的受访者对其客观工作环境和组织工作环境上的评价最低(得分仅为 64.24 分、68.71 分);在私营/民营企业工作的受访者对工作的主观心理环境的满意度最低,得分仅为 67.89 分。

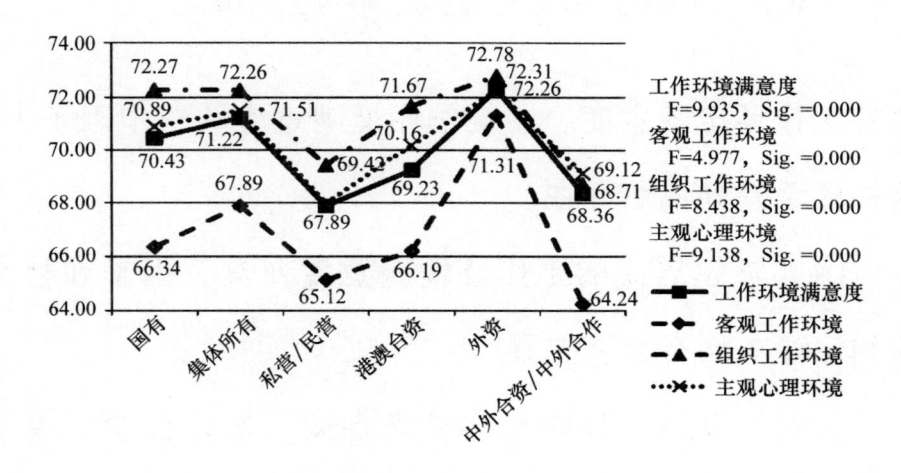

图 23 工作环境满意度及其三因子在单位性质上的差异分析(分)

(3)职位高低对工作环境满意度及其三因子存在显著影响

考察受访者在职位高低上的差异时发现(见图 24),领导和中层管理人员的工作环境满意度显著高于普通职

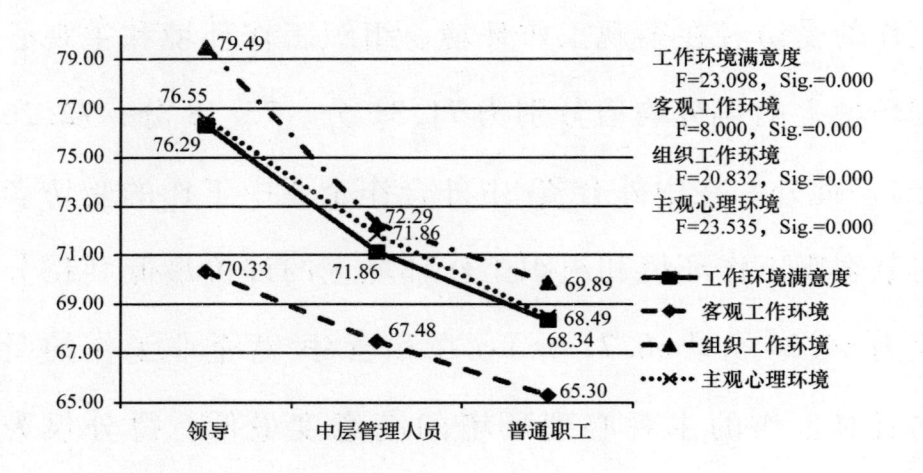

图 24 工作环境满意度及其三因子在工作职位上的差异分析（分）

工的工作环境满意度。在工作环境满意度的三个因子上，这种显著差异依然存在。

（4）城镇居民的工作环境满意度及其三因子在社会福利保障上均有显著差异

从表 9 可知，分别享有养老保险、医疗保险、失业保险和住房公积金的受访者的工作环境满意度都高于无法享有这些社会保障的受访者。具体考察社会福利保障对工作环境三因子的影响发现，除了失业保险对城镇居民客观工作环境评价不存在统计学上的显著差异（$F=0.318$，$Sig.=0.573$）之外，其他类型的社会福利保障均对城镇居民客观工作环境、组织工作环境和主观心理环境评价存在显著差异。

表9　　　　　　　工作环境三因子在工作职位上的差异性　　　　单位：分、个

	变量		均值（Mean）	样本数（N）	差异显著性
客观工作环境	养老保险	有	66.21	2216	F = 16.675, df = 1, Sig. = 0.000
		没有	63.78	555	
	医疗保险	有	66.08	2393	F = 11.455, df = 1, Sig. = 0.001
		没有	63.75	388	
	失业保险	有	65.84	1638	F = 0.318, df = 1, Sig. = 0.573
		没有	65.57	1084	
	住房公积金	有	66.26	1320	F = 3.955, df = 1, Sig. = 0.047
		没有	65.29	1409	
组织工作环境	养老保险	有	70.73	2180	F = 6.836, df = 1, Sig. = 0.009
		没有	69.32	548	
	医疗保险	有	70.33	2358	F = 17.566, df = 1, Sig. = 0.000
		没有	68.22	382	
	失业保险	有	71.16	1617	F = 11.560, df = 1, Sig. = 0.001
		没有	69.64	1067	
	住房公积金	有	71.13	1301	F = 7.922, df = 1, Sig. = 0.005
		没有	69.90	1389	
主观心理环境	养老保险	有	69.62	2111	F = 17.586, df = 1, Sig. = 0.000
		没有	67.31	532	
	医疗保险	有	69.35	2285	F = 4.769, df = 1, Sig. = 0.029
		没有	67.96	369	
	失业保险	有	69.97	1576	F = 20.200, df = 1, Sig. = 0.000
		没有	67.93	1027	
	住房公积金	有	70.63	1261	F = 41.462, df = 1, Sig. = 0.000
		没有	67.79	1346	

(二) 工作环境满意度在人口学变量上影响因素的历年比较分析

1. 工作环境满意度在自然特征变量上影响因素的历年比较

表10　　工作环境满意度在自然特征变量上影响的历年比较（2014—2015）

变量	年度	F值	df值	Sig.值
性别	2014年	0.165	1	0.685
	2015年	0.070	1	0.792
年龄	2014年	3.357	5	0.005
	2015年	2.443	5	0.032
婚姻状况	2014年	1.198	5	0.307
	2015年	2.289	4	0.058
民族	2014年	0.028	1	0.868
	2015年	1.001	1	0.317
宗教信仰	2014年	0.024	1	0.878
	2015年	1.376	1	0.241

对比2014年、2015年城镇居民工作环境满意度及其三因子在性别、年龄、婚姻状况、民族和宗教信仰五个

自然特征变量上的差异，我们发现，总体而言，2014年和2015年城镇居民工作环境满意度在自然特征变量上表现出相似的差异性。具体而言，两年度的工作环境满意度在性别、婚姻状况、民族和宗教信仰上均不存在统计意义上的显著差异（见表10）。但在图25中我们发现，尽管2015年与2014年城镇居民在年龄变量上均存在不同程度的显著差异（即城镇居民随着年龄的增长对其工作环境的满意度呈波动上升趋势），但是，从整体来看，2015年各个年龄阶段的城镇居民对其工作环境的整体满意度都有所提升，且在2014年趋势线中的31—40岁这

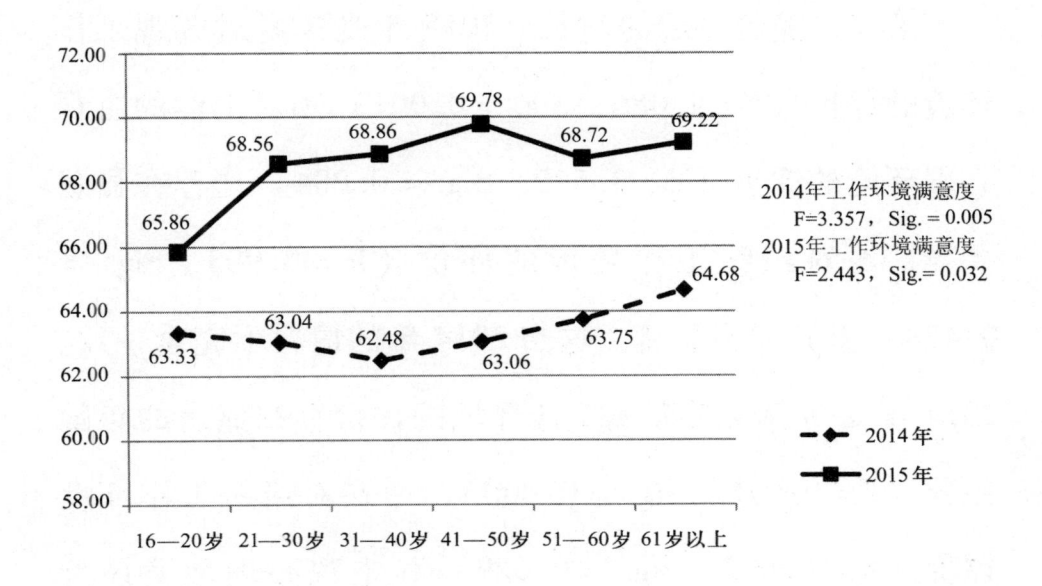

图25 工作环境满意度在年龄上差异的历年比较（2014—2015）（分）

个阶段出现的满意度低谷，在2015年的调查结果中有所回升。

对客观工作环境、组织工作环境和主观心理环境三因子进行考察，我们发现，2015年自然特征变量对这三个因子的影响与2014年大致相同，但有三点变化值得我们注意。第一，在性别变量上，2014年和2015年男女城镇居民的主观心理体验均不存在显著差异；但2014年和2015年，女性城镇居民对客观工作环境的评价均显著高于男性，而男性城镇居民对组织工作环境的评价也均显著高于女性。

第二，随着年龄的增长，2015年受访者对客观工作环境的评价（$F=4.086$，$Sig.=0.001$）和对工作的主观心理环境的评价（$F=3.512$，$Sig.=0.004$）均存在显著差异，而对组织工作环境的评价（$F=0.903$，$Sig.=0.478$）差异却不显著。这与2014年的情况不完全一致。2014年受访者仅对客观工作环境的评价存在显著的年龄差异（$F=9.976$，$Sig.=0.000$），而在对组织工作环境评价（$F=0.692$，$Sig.=0.629$）和主观心理环境评价（$F=1.723$，$Sig.=0.126$）上均不存在显著差异。进一步考察这两年里城镇居民对客观工作环境的评价在年龄上的差异是否一致,我们发现,2014年城镇居民对客观工作环境的评价随着年龄的增长呈"U"形变化,在31—40岁这个年龄阶段,其评价出现最低点,而2015年城镇居民对客观工作环境的评价随着年龄的增长呈波动上升趋势,其评价却在51—60岁这个年龄阶段出现最低点(如图26)。

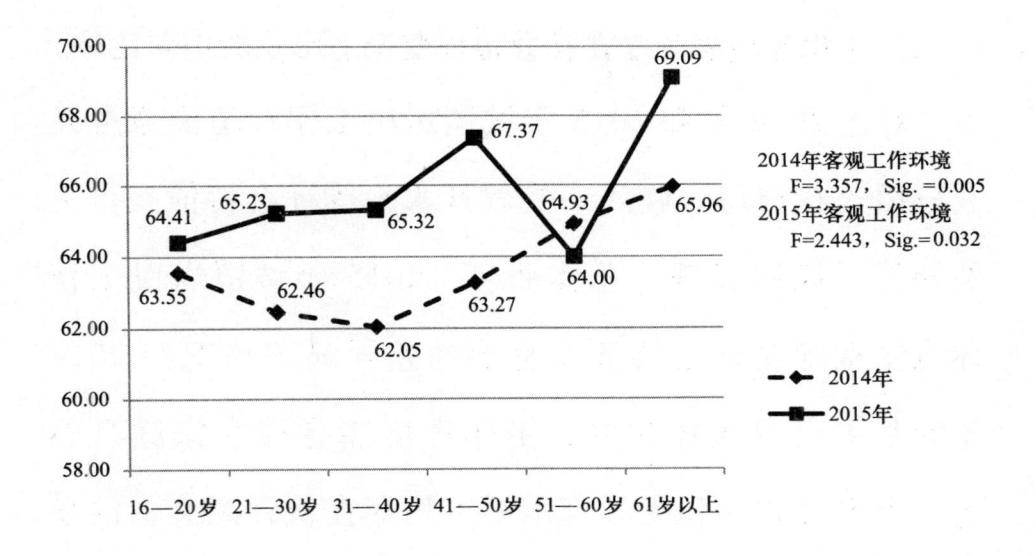

图26 客观工作环境评价在年龄上差异的历年比较(2014—2015)

第三,在婚姻状况变量上,2014年数据显示,不同婚姻状况对城镇居民的客观工作环境(F = 1.064,

Sig. =0.378)、组织工作环境（F=0.195，Sig. =0.964）和主观心理环境（F=1.611，Sig. =0.153）三因子不存在显著差异。然而，2015年数据显示，不同婚姻状态下的城镇居民在客观工作环境（F=3.224，Sig. =0.012）和主观心理环境（F=2.687，Sig. =0.030）二因子上却存在显著差异，已婚群体对客观工作环境和主观心理环境的评价得分均显著高于其他群体。

2. 工作环境满意度在社会特征变量上影响的历年比较

对比2014年和2015年城镇居民工作环境满意度及其三因子在户口、收入、受教育水平等社会特征变量上的差异，我们发现，总体而言，2015年城镇居民工作环境满意度在社会特征变量上的差异显著情况与2014年的基本情况大体相同：工作环境满意度在家庭月收入、个人月收入和受教育水平上均存在统计意义上的显著差异，而在户口所在地上却不存在显著差异。但是值得注意的是，在户口这一变量上，2015年的情况与2014年大不相同（见表11）。

表11 工作环境满意度在社会特征变量上影响的历年比较（2014—2015）

变量	年度	差异显著性 F值	df值	Sig. 值
户口类型	2014	4.128	1	0.042
	2015	0.034	1	0.855
户口所在地	2014	0.055	1	0.815
	2015	0.574	1	0.449
家庭月收入	2014	4.160	6	0.000
	2015	19.419	6	0.000
个人月收入	2014	10.706	6	0.000
	2015	7.946	5	0.000
受教育水平	2014	12.665	8	0.000
	2015	9.417	8	0.000

对工作环境满意度及客观工作环境、组织工作环境和主观心理环境三因子进行考察，我们发现，2015年社会特征变量对这三个因子的影响与2014年大致相同，但有几处变化值得我们注意：第一，在户口类型上，2014年拥有非农业户口的城镇居民（均值为63.22分）的工作环境满意度明显高于拥有农业户口的城镇居民（均值为62.65分）。然而，2015年数据显示，持有农业户口或非农户口的城镇居民在工作环境满意度上已不存在显著差异（F=0.034，Sig.=0.855）。具体分析工作环境三个因子之

间的关联时,我们发现,2014年的数据显示,非农户口的城镇居民对客观工作环境的评价显著高于农业户口的城镇居民（F = 14.710, Sig. = 0.000),然而,2015年的数据却表明不同户口的城镇居民对客观工作环境的评价上已不存在显著差异（F = 0.305, Sig. = 0.581),相反却在对组织工作环境的评价上出现了显著差异（F = 9.400, Sig. = 0.000),农业户口受访者的得分显著高于非农户口受访者。第二,随着家庭月收入的增加,2014年与2015年城镇居民的工作环境满意度呈现显著上升的趋势。但是,由图27所示,2014年的数据趋势显示,当家庭月收入达到

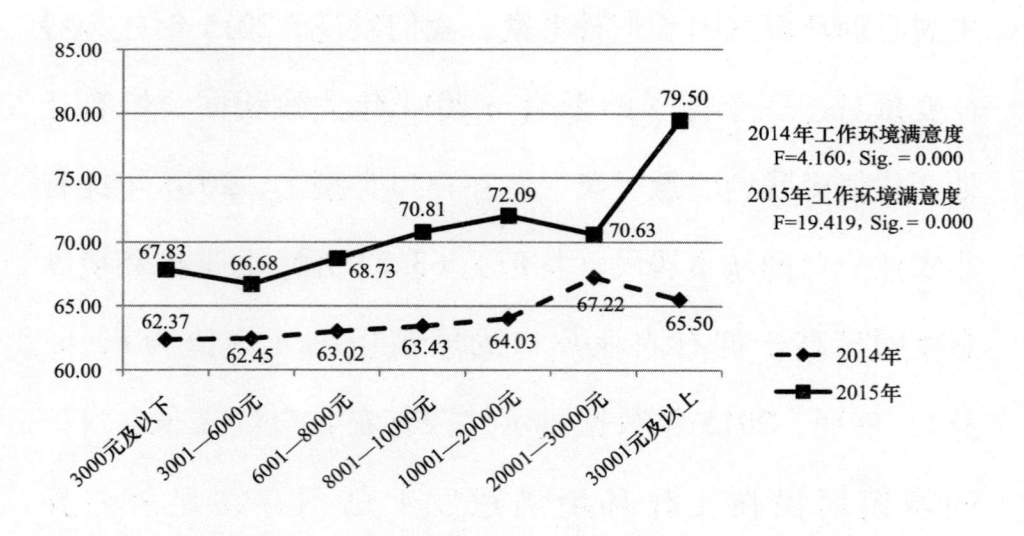

图 27　工作环境满意度在家庭月收入上差异的历年比较（2014—2015）（分）

30000元时，城镇居民的工作环境满意度会出现下降的态势；然而，2015年的情况则不同，这种"溢出"现象消失了，取而代之的是，随着家庭月收入的增加，城镇居民的工作环境满意度稳步上升。这种变化同样存在于客观工作环境、组织工作环境和主观心理环境三因子中。

3. 工作环境满意度在工作特征变量上影响的历年比较

对比2014年和2015年城镇居民工作环境满意度及其三因子在单位类型、单位性质、工作职位和社会福利保障等工作特征变量上的差异，我们发现，总体而言，2015年城镇居民工作环境满意度在社会特征变量上的差异显著情况与2014年完全相同：工作环境满意度在单位类型、单位性质、工作职位和社会福利保障上均存在统计意义上的显著差异（见表12）。

表12　　工作环境满意度在工作特征变量上影响的

历年比较（2014—2015）

变量	年度	F值	df值	Sig.值
单位类型	2014年	11.110	7	0.000
	2015年	21.925	5	0.000

续表

变量		年度	差异显著性		
			F 值	df 值	Sig. 值
单位性质		2014 年	24.138	5	0.000
		2015 年	9.935	5	0.000
工作职位		2014 年	57.745	2	0.000
		2015 年	23.098	2	0.000
社会福利保障	养老保险	2014 年	15.200	1	0.000
		2015 年	19.685	1	0.000
	医疗保险	2014 年	13.049	1	0.000
		2015 年	11.105	1	0.000
	失业保险	2014 年	0.302	1	0.583
		2015 年	17.469	1	0.000
	住房公积金	2014 年	9.278	1	0.002
		2015 年	28.763	1	0.000

对客观工作环境、组织工作环境和主观心理环境三因子进行考察，我们发现有几处变化值得我们注意：第一，在单位类型变量上的差异比较中我们发现，党政机关及其派出机构、事业单位、居委会/村委会的国家公职人员在2014年和2015年的工作环境满意度均较高。但是，我们发现在企业工作的城镇居民2015年的工作环境满意度有较大增长，且显著高于在社会团体工作的城镇居民；而在社会团体工作的城镇居民的满意度却在2015

年跌落至最后一位（见图28）。

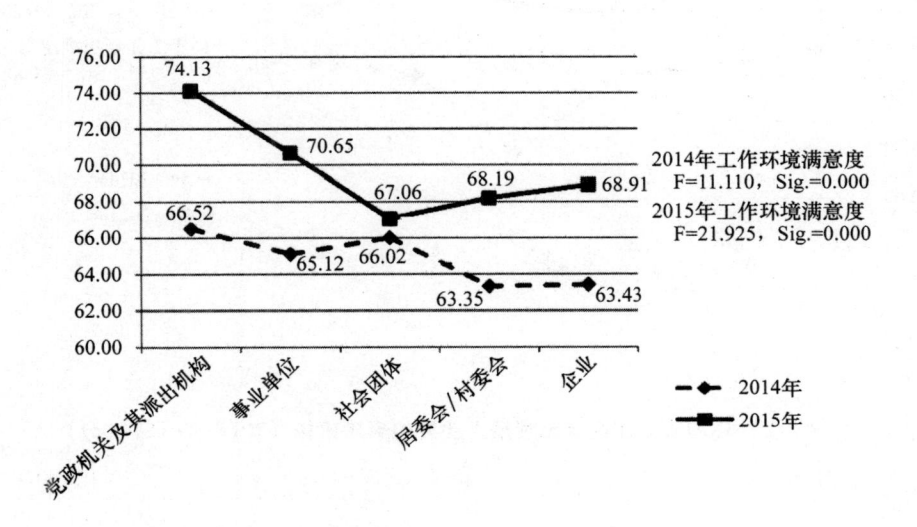

图28 工作环境满意度在单位类型上差异的历年比较（2014—2015）（分）

第二，对比2014年和2015年工作环境满意度在单位性质上的差异变化（如图29），我们发现，2014年在港澳台资企业供职的城镇居民对其工作环境满意度显著低于在其他单位供职的员工。而2015年，该情况有了明显改观，与此同时，2015年工作环境满意度的最低点则出现在私营/民营企业中。2014年，在国有企业工作的城镇居民对其工作环境满意度显著高于其他单位员工，而2015年外资企业员工的工作环境满意度最高，国有企

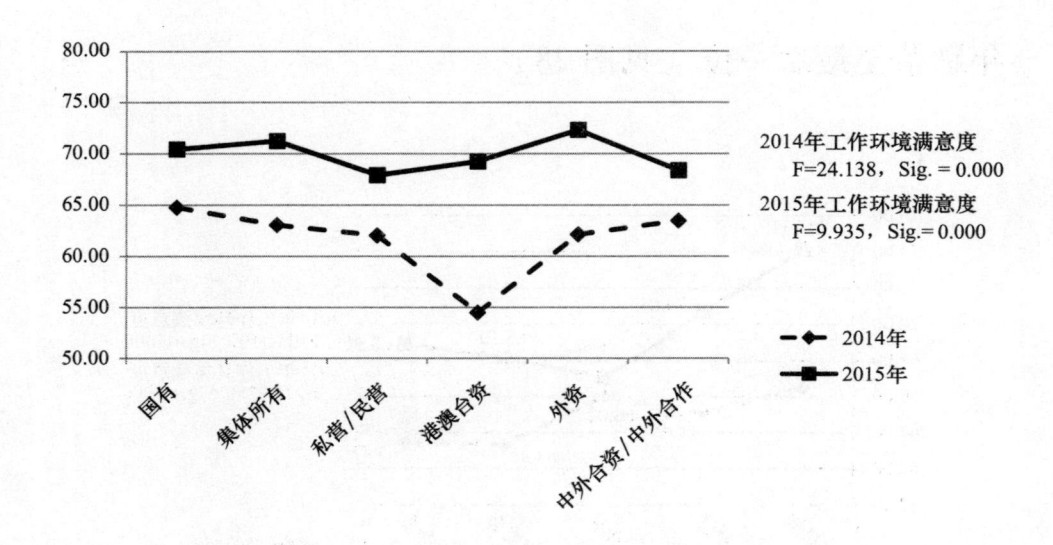

图 29　工作环境满意度在单位性质上差异的历年比较（2014—2015）（分）

业员工下降至第三位。

第三，对比 2014 年和 2015 年城镇居民的工作环境满意度在工作职位上的差异发现（见图 30），整体情况基本相同：城镇居民的工作职位越高，其对工作环境的满意程度越高。这种趋势在其对客观工作环境、组织工作环境和主观工作环境的评价态度上同样存在。

第四，在社会福利保障方面，2015 年与 2014 年基本相同，城镇居民的工作环境满意度在养老保险、医疗保险和住房公积金三个社会福利保障项目上均存在显著差异。唯一不同的是，2015 年数据表明，城镇居民是否拥

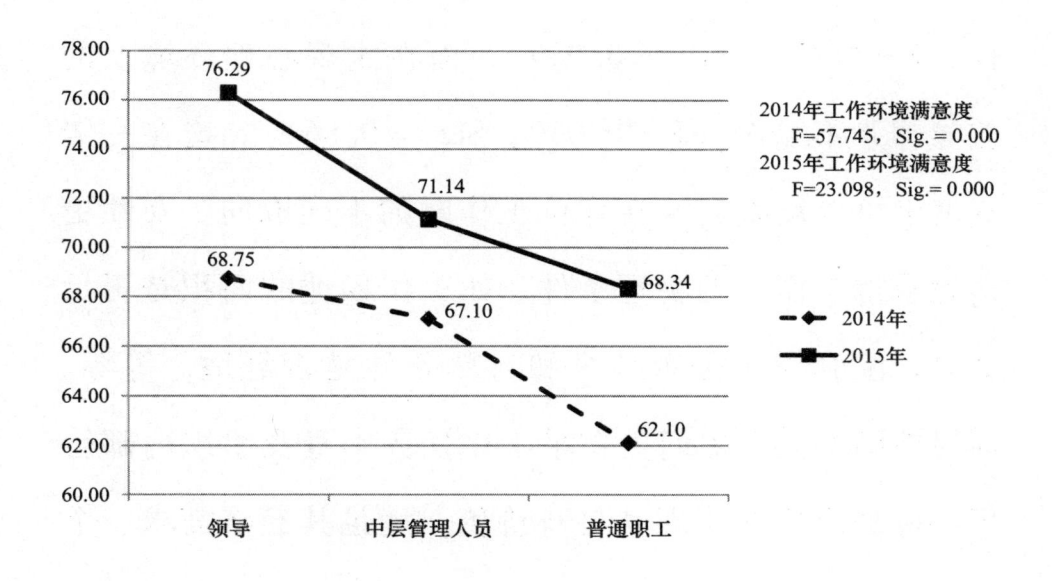

图 30　工作环境满意度在工作职位上差异的历年比较（2014—2015）（分）

有失业保险与其工作环境满意度存在统计意义上的显著关联（F = 17.469, Sig. = 0.000）。

（三）讨论

1. 性别差异：加班现象更多出现在男性群体中，工作歧视现象更多出现在女性群体中

总体来看，工作环境满意度在性别上并不存在显著差异，具体考察三个维度时发现，男女在评价客观工作环境（女性显著高于男性，F = 10.513, Sig. = 0.001）和组织工作环境时，出现了显著差异（男性显著高于女性，F=4.777，Sig.=0.029），而在主观心理环境上的差异却并不显著（F=0.030，Sig.=0.864）。这在一定程度上可以反映男女在评价工作时的不同取向。女性更多地看重工作中的物理条件，如工作场地的面积是否足够大，配套设施是否齐全和自然条件是否舒适，等等。而男性则不同，他们更在乎工作任务本身及组织内部管理环境是否能够体现其自身价值，满足其经济需求、个人发展和成就感等。

首先，考察客观工作环境的3个题器（工作时间、劳动报酬和工作场所）在性别上的差异发现（见表13），男性与女性在工作场所和劳动报酬两个题器上并不存在显著差异，但是，二者在工作时间（F=10.437，Sig.=0.001）上却差异显著。依据工作时间的题器"我经常加班工作"上的均值分布可知，男性得分显著低于女性。这表明，加班现象更显著地出现在男性群体中。分析原因，我们认为，尽管社会发展进程不断加快，但它却不是影响社会分工发生变化的唯一因素，社会文化的稳固与社会发展的变化之间存在的张力有可能落脚到每一个家庭、每一对夫妻，甚至每一个个体。"男主外、女主内"的传统分工模式依然在当今中国家庭中占据主导位置,男性是家庭经济收入的主要力量,这导致男性的工作内驱力更大。与此同时,男性较之女性,普遍在身体素质及体力精力上更具优势,为男性在职场上承担工作时间更长、劳动强度更大的加班任务提供了诸多条件。

表13　　　　客观工作环境3个题器的性别差异显著性　　　单位:分、个

客观工作环境题器		均值(Mean)	样本数(N)	差异显著性
工作场所	男	69.90	1433	$F=2.175$, $df=1$, Sig. $=0.140$
	女	70.95	1396	
劳动报酬	男	67.78	1431	$F=1.592$, $df=1$, Sig. $=0.207$
	女	68.76	1397	
工作时间	男	57.20	1429	$F=10.437$, $df=1$, Sig. $=0.001$
	女	59.74	1387	

其次,考察组织工作环境的4个题器(工作自主性、工作歧视、同事支持和领导支持)在性别上的差异时发现(见表14),男性与女性在工作自主性、同事支持和领导支持3个题器上并不存在显著差异,但是二者在工作歧视($F=7.810$,Sig. $=0.005$)上却差异显著。依据工作歧视的题器"在工作中有时会遇到性别和年龄歧

视"上的均值分布可知,男性得分显著高于女性。也就是说,相对于男性而言,女性在工作中更容易遭受到性别和年龄歧视。尽管《中华人民共和国劳动法》明确规定"劳动者享有平等就业和选择职业的权利,劳动者就业不因民族、性别不同而受歧视",但劳动力市场中心照不宣的"重男轻女"用工选择可能正是企业追求利润最大化的经济理性的必然结果。企业出于成本与收益的考虑,优先选择素质较高、价格较低的劳动力,而男性在体力、执行力和职业生涯的规划,甚至社会分工方面都占有明显的优势。

表14　　　　组织工作环境4个题器的性别差异显著性　　　单位:分、个

组织工作环境题器		均值(Mean)	样本数(N)	差异显著性
工作自主性	男	62.47	1419	$F=0.392$, $df=1$, $Sig.=0.531$
	女	61.92	1393	
工作歧视	男	67.39	1412	$F=7.810$, $df=1$, $Sig.=0.005$
	女	64.99	1386	
同事支持	男	78.39	1437	$F=1.606$, $df=1$, $Sig.=0.205$
	女	77.69	1403	
领导支持	男	75.34	1435	$F=0.562$, $df=1$, $Sig.=0.454$
	女	74.82	1385	

2. 年龄差异：城镇居民对工作环境的满意度随年龄的增长呈波动上升趋势

在2014年《城镇居民工作环境报告》中，我们发现，随着年龄的增长，城镇居民对工作环境的满意度逐渐上升，但在31—40岁这个年龄阶段出现了满意度的最低点，这一现象在2015年有所改善。为了探寻推动个体对工作环境这一总体情绪积极转变的原因，我们提取了2014年、2015年31—40岁这个年龄段的样本数据，纵向对比工作环境各个维度上的变化。结果发现，与2014年相比，2015年31—40岁这个年龄段的城镇居民在组织工作环境和主观工作环境上的体验更加积极，主要表现在同事支持、自我效能感、工作安全感和工作满意感方面。据此，我们可以推测：处于该年龄段的城镇居民工作环境满意度的提升与其同事支持和心理资本的积累有一定关联。对个体而言，同事的支持会为个体营造和谐的工作氛围，个体可以从同事身上得到信息、工具和情感等方面的支持，因而缓解工作压力和心理紧张。同时，个体在工作中所体验到的正向的自我效能感、工作安全感和工作满意感都将累积成为积极心理资本，从而提升个体对工作环境的满意程度。对组织而言，在中国宏观经济稳步增长和产业结构转型背景下，国有企业改革从经营体制深入管理体制，再加上大量外资企业、中外合资企业登陆中国市场，带来了先进的管理理念和模式，这使得近几年单位制和非单位制组织都更加强调人本管理和科学管理的思想。在人本管理思想下，组织更加强调人是管理的主体，重视满足组织员工的需求，开展一定的培训活动用以提高企业员工相关专业技能，充分调动员工的积极性和主动性，从而实现经济效益的增长。同时，在科学管理指引下，为了提高企业技术水平和国际竞争力，中国企业通过制度创新转换机制，对人、财、物进行优化配置，管理模式开始由经验管理向科学管理转变。在这种改革进程中，员工在31—40岁时正处于个人职业生涯发展的上升期，他们是组织发展的中坚力量，正因如此，组织在制度制定、人才培养、组织氛围营造等方面都会向他们倾斜，因此，本次调查中31—40岁城镇居民工作环境满意度的提升，正是对中国现阶段企业改革和单位改制的积极回应。

具体考察工作环境满意度的三维度，我们发现城镇居民对客观工作环境的评价（F=4.086，Sig.=0.001）和对工作的主观心理环境的评价（F=3.512，Sig.=0.004）在年龄这一变量上存在显著差异。深入探究，我们有如下发现。

第一，在客观工作环境上，不同年龄阶段的城镇居民对劳动报酬（F=5.173，Sig.=0.000）和工作场所（F=4.178，Sig.=0.001）的评价存在显著差异。这种差异表现在：首先，随着年龄的递增，城镇居民对劳动报酬的满意度缓步提升，但在51—60岁这个年龄阶段的城镇居民对其劳动报酬的满意度最低；其次，城镇居民对工作场所的满意度也随着年龄的增加而逐渐攀升，退休后返聘的群体对此满意度最高（见图31）。分析其原因，与个人事业发展有关。31—50岁这个年龄阶段是一个人职业生涯快速发展时期，个体更多关注工作技术的提升、社会关系的搭建和积极工作体验的积累。然而，到达50岁之后，个体事业发展速度相对放慢，并且不是所有这个年龄段员工的事业发展都能达到预期水平。再加上组织内部员工的流动性和人力资源政策向年轻人倾斜，在这种情况下，大多数未能完全实现职业愿望的员

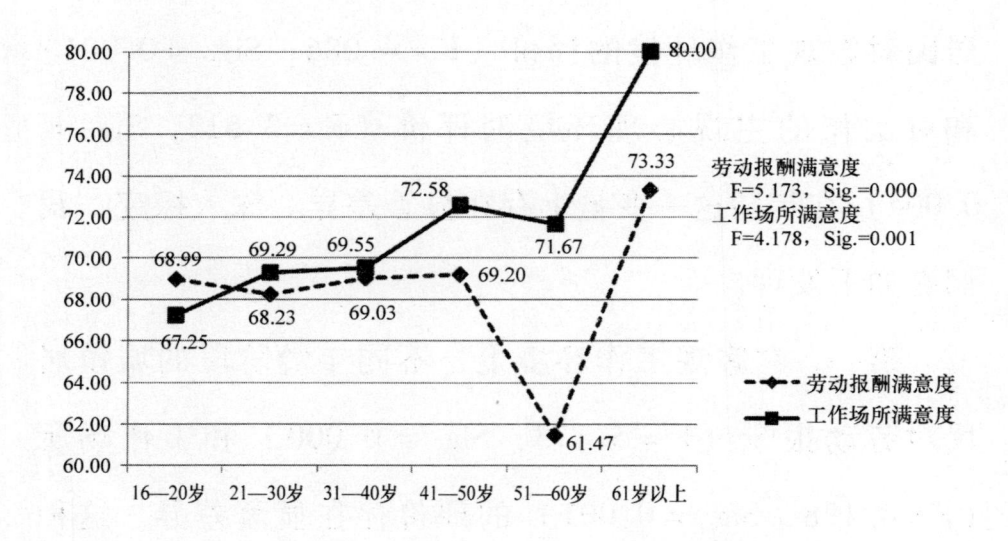

图 31　劳动报酬和工作场所评价在年龄上的差异性

工,在这个时期面临的发展机会逐渐减少,自我效能感也开始降低。由此可见,在51—60岁这个年龄段的员工便极有可能因为遇到事业发展的瓶颈而导致工作环境满意度及其相关各个维度的得分都比较低。

第二,在主观心理环境上,不同年龄阶段的城镇居民的工作自尊（F = 2.733, Sig. = 0.018）、工作安全感（F = 6.457, Sig. = 0.000）、职业期望（F = 3.506, Sig. = 0.004）、组织归属感（F = 2.999, Sig. = 0.011）、工作满意度（F = 4.241, Sig. = 0.001）和组织认同感（F = 2.428, Sig. = 0.033）在年龄上存在显著差异,并且同样都呈现出

随年龄增加而波动上升的态势。主观心理环境实质上是个体对工作的总体情绪反映。随着年龄的增长，个体从初入职场进入事业快速发展阶段，在技术方面达到熟练和较高水平，在创新方面具有较强的挑战能力，在管理方面积累了较多的经验，在人际交往方面建立了良好的社会关系。换句话说，伴随着年龄增长，个体通过自身能力的提升完成个人—工作的匹配，从而稳步累积在工作中的积极情感，提升主观心理环境的满意度。

3. 户口差异："城镇化"进程带动持农业户口的群体与城镇居民在工作环境满意度上已无显著差异，但工作自主性的缺失、年龄与性别歧视却显著出现在城镇居民群体中

在2014年的调查中，我们发现农民工与城镇居民在工作环境的满意度上存在显著差异（$F = 4.128$，$Sig. = 0.042$）。但是自2014年以来，为加快农民市民化进程的户籍改革已基本完成，且从就业、创业、劳动保障、享有基本公共服务和社会融合等几方面对农民工市民化的目标进行了详细的配套规划，其改革成效在2015年的数据中有所显现：持农业户口和非农户口的城镇居民在工作环境满意度上已无显著差异（$F = 0.034$，$Sig =$

0.855)。

此外，将2014年与2015年工作环境三维度的数据进行比对，结果显示，2015年持不同户口的城镇居民对客观工作环境的评价已无显著差异（F=0.305，Sig.=0.581），但在对组织工作环境的评价上却存在显著差异（F=9.400，Sig.=0.000），农业户口受访者的得分显著高于非农户口受访者，这种偏高的态势主要表现在工作自主性和工作歧视上。我们认为，这一结果可能与目前农民工内部的代际更替有直接关系。本次被访农民工中，年龄为16—30岁的高达51.1%。《中共中央国务院关于加大统筹城乡发展力度 进一步夯实农业农村发展基础的若干意见》（中发〔2010〕1号文件）中，首次使用了"新生代农民工"这个词，特指1980年后出生的新一代年轻的进城务工者。这群年龄在16—30岁的新生代农民工以"三高一低"为特征：受教育程度较高、职业期望值较高、物质和精神享受要求高、工作耐受性低。因此，与父辈不同，他们在工作环境、住宿条件和文化娱乐等方面的要求更多，维权意识也较之父辈大大提高。针对这样一种劳动力市场中的主力人群，从国家政策到企业用工制度都在客观工作条件的改善上做了大量工作。本次调查"持不同户口的城镇居民对客观工作环境的评价已无显著差异"的这一结果足以显示此项工作的成效。然而，我们仍需注意的是：这一特殊群体对工作环境的要求还仅限于工作的客观条件，如工作场所、住宿条件、工资待遇和工作时间等，在更深入的工作心理环境的感受上（如工作自主性和工作公平感等）仍缺乏意识。

4. 收入差异：家庭月收入为20001—30000元的中高收入城镇居民对工作的主观体验较低

根据上述数据分析可知，工作环境满意度在家庭月收入上呈现出显著的波动上升趋势，且这种趋势在客观工作环境、组织工作环境和主观心理环境三维度上均有显著体现。值得我们注意的是，随着收入逐渐增加，无论是主观心理环境满意度还是工作环境满意度都随之上升，但是均在家庭月收入为20001—30000元这个阶段突然下跌，随后才重新爬升。我们通过本次受访者家庭月收入的频次分析发现，99.4%的城镇居民家庭月收入处于这个区间。相较而言，这个收入阶段的城镇居民属于中高收入人群，为何工作环境满意度这么低呢？

我们考察了主观心理环境的 8 个题器（职业期望、工作压力、工作自尊、工作安全感、工作效能感、工作满意感、组织认同感和组织归属感），如图 32 所示，处于中高收入阶段的城镇居民在工作满意感、组织认同感、组织归属感、职业期望、工作安全感、工作自尊 6 个题器上都出现了显著的下降拐点。中高收入的城镇居民，他们的工作年限大约都在 3 年以上，相对而言，他们的工作经验、组织社会化程度和个人—工作的匹配程度都比较高，他们对职业发展的期望值也更高，也容易将个人的职业发展愿景与工作单位的组织愿景结合起来，但

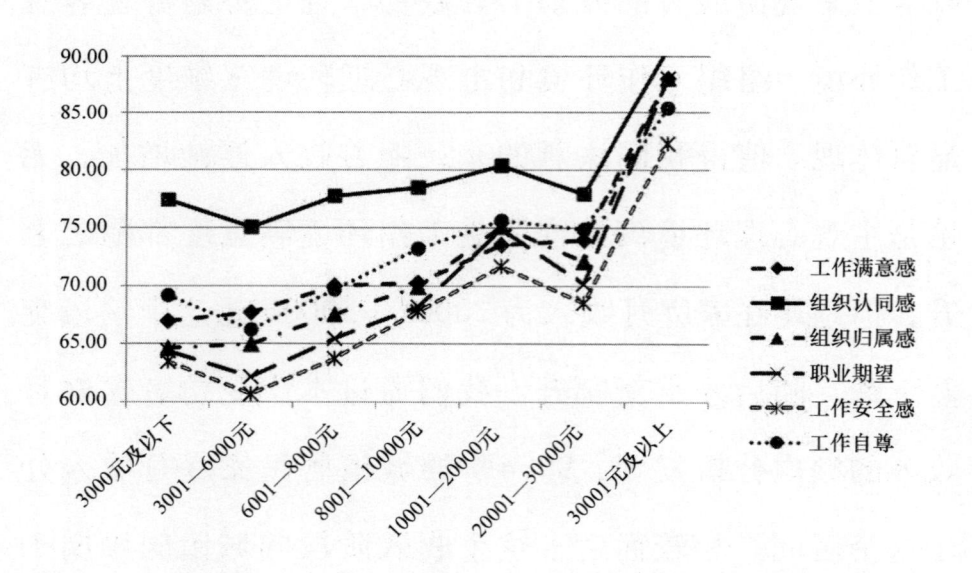

图 32　主观心理环境 6 个题器在家庭月收入上的差异性（分）

是他们观察组织的角度很难超越个体主观感受，如果工作无法使他们获得满足感和成就感，无法充分发挥他们的创造力，他们很有可能对主观心理环境产生较低的评价，进而影响其总体工作环境满意度。这在上述的社会分层差异上也可见一斑。

5. 单位性质差异：港澳台资企业工作环境改善，外资企业工作环境满意度最高，私营/民营企业的工作环境仍然不尽如人意

首先，2014年调查数据显示"在港澳台资企业工作的城镇居民对其工作环境满意度最低"，这一状况在2015年得到有效改善，港澳台资企业的工作环境满意度已从第六位攀升至第四位。改革开放30多年来，"长三角"地区吸引了大量的港澳台资企业，从开始时以档次低、规模小的轻纺工业和简单加工业为主，逐步发展到电子信息、机械、化工、汽车零部件、投资咨询及医疗卫生等先进制造业和现代服务业领域。但是，前几年的"富士康连跳事件"引发了社会大众对港澳台资企业中员工工作环境的担忧，同时也让港澳台资企业在大陆民众心中的形象跌入谷底。2014—2015年，相关公司为此大力推行企业内部员工改善工作条件的计划，所获成效在今年的数据分析中可见一斑。

其次，2014年国有企业的领头地位，在2015年被外资企业取代。2015年数据显示，在外资企业工作的城镇居民对工作环境的满意度高达72.31分。国有企业的优势地位被外资企业赶超背后，透露出目前国有企业转型时期人力资本质量不高的问题。一方面，改革前，国有企业包揽了员工从摇篮到坟墓的一切，企业为员工提供全方位的福利，实行的是终身就业制度，这让员工形成了对企业全方位的依赖，形成一种优越感（李汉林、渠敬东，2002）。然而，在社会主义市场经济的完善过程中，国有企业在政府控制之下获得了更多的自主权和决策权，为了面对市场竞争，国有企业管理体制和经营机制发生了深刻变化，"铁饭碗"的全方位依赖关系被打破，原有的心理契约遭到破坏，自然拉低了员工的工作环境满意度。

另一方面，截至2012年年底，中国实有外资企业达44.06万户，注册资本达11.83万亿元，世界500强公司中已有490余家在中国投资（朱晋伟、胡万梅、李峰，

2014)。来自欧洲、北美等发达地区的外资企业，带来母公司的公司管理模式的同时，也带来了先进的人力资源管理经验。在管理视角上，与国有企业视人为成本不同，外企视人为资源，强调人力资源的能动性和持续性，提倡开发人力资源的潜能，使人尽其才、才尽其用，尽可能地实现人力资源的最大价值。基于此，外资企业更注重为员工营造良好的工作环境，加强与员工的交流，引导员工了解企业的发展目标，参与企业管理，满足员工的职业生涯发展的需要，让员工感到自己的存在感和对企业的影响力。根据本次调查数据，通过深入分析，我们发现，外资企业员工在工作环境满意度三维度的结果与此相呼应。满意度数据结果显示，在外企工作的城镇居民对其客观工作环境评价高，其原因在于外资企业所提供的劳动报酬更高、工作场所更舒适以及工作时间相对更合理；在组织工作环境方面，外资企业的工作自主性更高、领导支持更多。因而，在外资企业工作的城镇居民工作自尊更强、职业期望更高、组织归属感更强（见图33）。

最后，2015年数据表明，在私营/民营企业工作的

106　国家智库报告

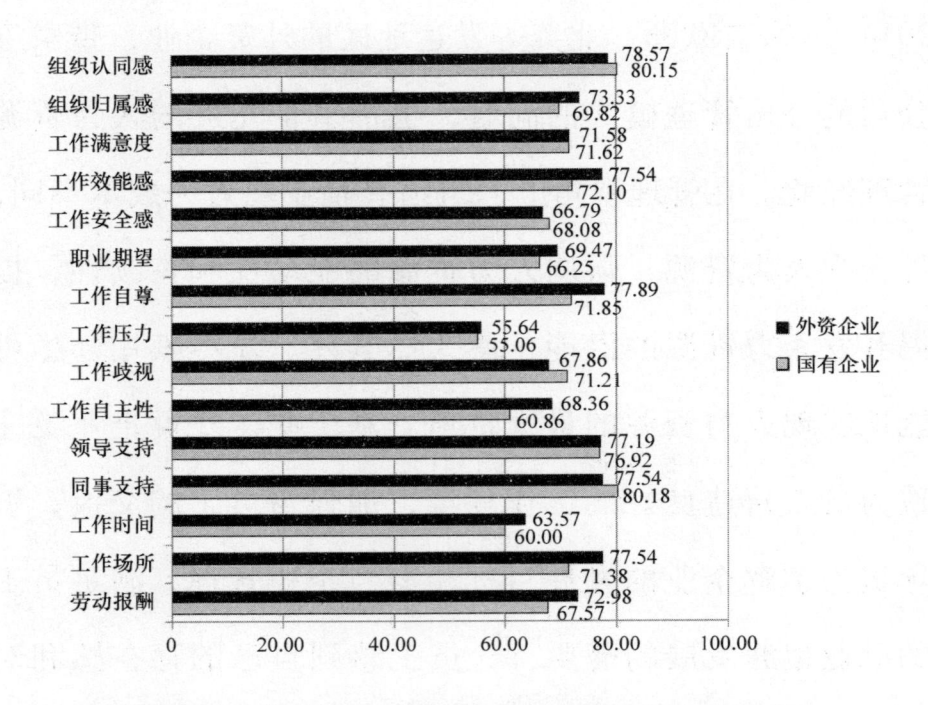

指标	外资企业	国有企业
组织认同感	78.57	80.15
组织归属感	73.33	69.82
工作满意度	71.58	71.62
工作效能感	77.54	72.10
工作安全感	66.79	68.08
职业期望	69.47	66.25
工作自尊	77.89	71.85
工作压力	55.64	55.06
工作歧视	67.86	71.21
工作自主性	68.36	60.86
领导支持	77.19	76.92
同事支持	77.54	80.18
工作时间	63.57	60.00
工作场所	77.54	71.38
劳动报酬	72.98	67.57

图 33　外资/国有企业工作的城镇居民在所有题器上的均值比较（分）

城镇居民对其工作环境的满意度显著低于其他单位员工。对此，我们追溯中国私营/民营企业这 20 多年的发展历程发现，私营/民营企业的所有权和经营权均属于企业主私人所有。同国有企业相比，私营/民营企业对员工承担的责任较为单一、有限，不存在员工的养老等历史负担过重问题。雇佣双方对相互责任的认知较为清晰，许多私营/民营企业的员工更重视自身的价值和有效地完成工作，以工作结果为导向，强调以工作效率为中心的人际导向（张士菊、廖建桥，2010）。正是在这种市场竞争理念的主导下，为了提高企业绩效、扩大市场份额，私营/民营企业主侧重于技术创新、强调标准化程序，而将员工个人利益和福祉放在了次要位置，整体拉低了私营/民营企业员工这个社会群体的工作环境满意度。为了了解员工不满的原因、找到优化员工工作体验的突破口，我们深入考察了私营企业和民营企业的数据，将工作环境满意度所有题器的均值进行排序，结果发现（见图34），各个题器上均值排序后三位的分别是：工作自

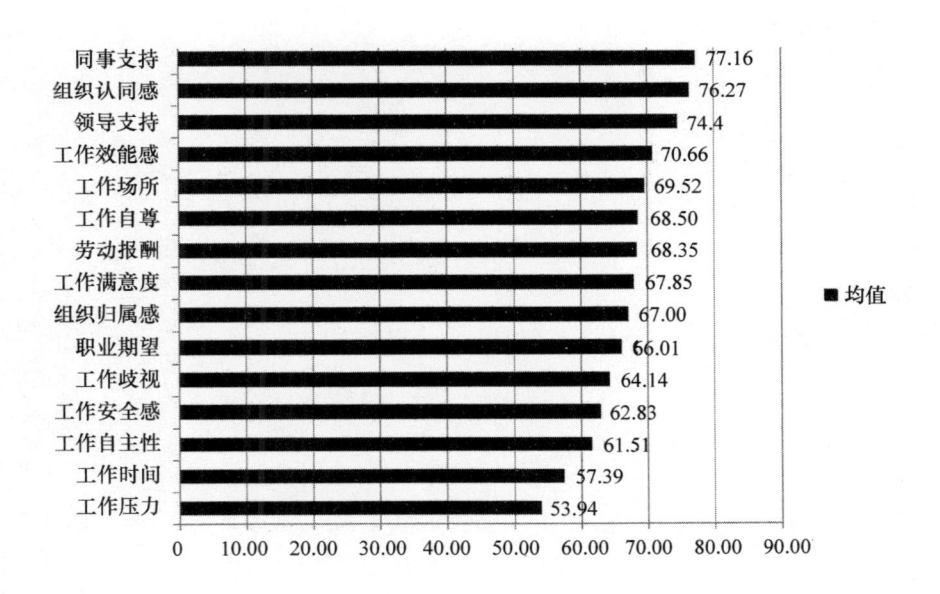

题器	均值
同事支持	77.16
组织认同感	76.27
领导支持	74.4
工作效能感	70.66
工作场所	69.52
工作自尊	68.50
劳动报酬	68.35
工作满意度	67.85
组织归属感	67.00
职业期望	66.01
工作歧视	64.14
工作安全感	62.83
工作自主性	61.51
工作时间	57.39
工作压力	53.94

图34 私营/民营企业工作的城镇居民在所有题器上的均值比较（分）

主性（61.51分）、工作时间（57.39分）和工作压力（53.94分）。由此可见，要想对组织和工作本身予以改进，私营/民营企业应当改变浓厚的家族或泛家族色彩的经营模式，让员工分享企业的经营信息，增加员工受重视感、责任感与参与感。同时，针对员工在工作负荷、工作时间、工作内容的单调性等方面感知的突出问题，企业可以进行岗位再设计，让员工参加岗位工作的设计过程，包括设计工作职责、内容、方式等，以减轻员工的工作压力。

六 城镇居民工作环境满意度的影响因素探讨

（一）城镇居民工作环境满意度与社会满意度的关系

社会满意度的频次分析显示，2015年城镇居民社会满意度为27.56—100.00分（分值越高，社会满意度越高，满分为100分），均值为65.62分。在本部分中，为了分析城镇居民工作环境满意度与社会满意度的关联性，我们将两者做了ANOVA分析，结果显示（见图35），社会满意度越高的城镇居民，其工作环境满意度也显著较高，二者呈显著正相关。具体分析工作环境满意度三维度（客观工作环境、组织工作环境和主观工作环境）与社会满意度的三维度（政府工作满意度、社会经济满意度和社会发展满意度），两两维度之间同样也存在不同程度的显著正相关（见表15）。由此可见，城镇居民的社会满意度在一定程度上影响着其对工作环境的评价。社会满意度作为一项重要的社会心理指征，是社会成员（个体、群体和组织）基于社会和社会组织是否满足其个人和群体的需要、愿望、目标，以及其满足程度的一

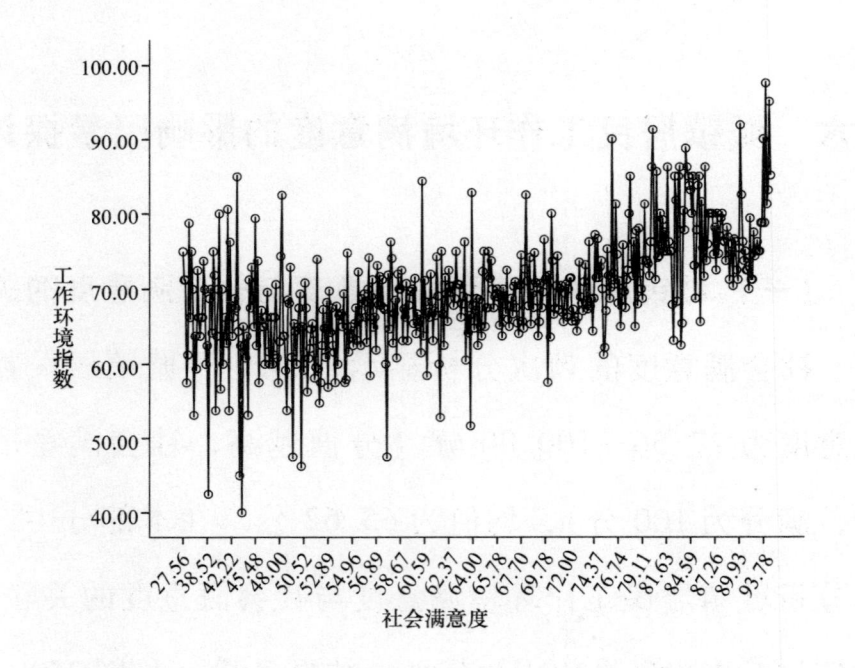

图 35　城镇居民的工作环境满意度与社会满意度的 ANOVA 分析（分）

表 15　　　　　　工作环境满意度与社会满意度各维度的相关分析

社会满意维度	客观工作环境	组织工作环境	主观心理环境
社会经济满意度	0.213**	0.127**	0.309**
社会发展满意度	0.222**	0.168**	0.364**
政府工作满意度	0.205**	0.186**	0.382**

注：** 表示在 0.01 水平（双侧）上显著相关。

种关系认知与情感体验（陈志霞，2004）。在此基础上，本研究围绕社会风气、居住状况、经济收入、信息透明度、教育资源、就业状况、工作发展、政府工作等维度来探究人们外显的社会满意度。从个体体验形成的角度来看，城镇居民在以上社会生活各个方面获得的积极体验，必将溢出到其他领域，从而促进其工作环境满意度的上升。一方面，从社会支持的角度来看，政府通过营造良好的社会风气，提供完善的政府工作服务，完善充足的教育、工作、医疗资源等措施，使公民对社会产生正向的积极评价。另一方面，从需要层次理论角度来看，我们认为社会满意度来源于人们必须经由社会而实现的需要得到满足的状况，是人们对与这一状况有关的所有线索进行综合分析后产生的心理体验。因此，本次调查中，城镇居民较高的社会满意度从一个侧面表明，目前中国现有社会资源足以满足城镇居民在发展过程中必需的自身需求（包括生存需要、适应性需要和发展性需要）与环境需求（物理环境的需要、经济环境的需要和社会环境的需要）。需求满足的同时，也意味着城镇居民累积了足够的社会资源和社会支持，从而足以支撑其应对工作任务和工作环境中的各种问题，进而提升工作环境满意度。

（二）城镇居民工作环境满意度与生活满意度的关系

对 2015 年城镇居民生活满意度的频次分析发现，本年度城镇居民生活满意度得分为 29.09—100.00 分，均值为 69.67 分（满分 100 分）。另外，对工作环境满意度与生活满意度两个变量进行 ANOVA 分析发现，2015 年城镇居民对个体工作环境的满意程度随其生活满意度的上升而上升，呈显著正相关（F = 35.33，Sig. = 0.000）（见图 36）。这表明，工作不仅是人们生活的重要组成部分，还是人们获得自豪感、成就感的重要途径。无论是普通的员工还是管理人员均认为工作是重要的，通过工作获得的自豪感是一种强有力的力量，并且认为从工作中他们获得了更多的生活满意感（R. W. Rice, J. P. Near 和 R. G. Hunt, 1980）。因而，从某种程度上来说，工作环境满意度和生活满意度相关系数大小反映了工作和其他生活方面相关性的强弱，所以，我们有理由相信，工作环境满意度与生活满意度的显著正相关，正好反映了工作对生活的影响。

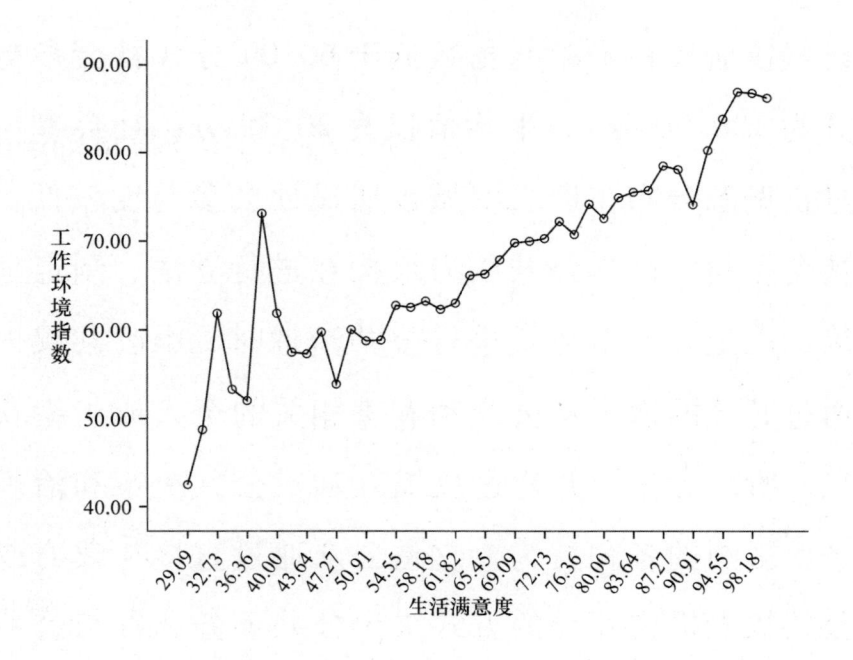

图 36　城镇居民的工作环境满意度与生活满意度的 ANOVA 分析（分）

（三）城镇居民工作环境满意度与社会参与的关系

为了考察城镇居民的社会参与与其工作环境满意度的关联，我们选取本次调查问卷中 C5、C6、C7 共 3 个题器作为社会参与度的评价题器。计分方式例如 C501 题"过去一年中，您是否参加过社区/居委会举办的活动"，回答"没有"计 0 分、回答"有"计 1 分，以此类推。将 3 个题器的得分之和作为城镇居民社会参与度指数，分值越高，社会参与度越高。

首先，对社会参与度进行频次分析发现，92.5% 的受访城镇居民社会参与指数低于60.00分（社会参与度满分为100.00分），平均值仅为20.39分，社会参与指数呈正偏态分布，即表明城镇居民社会参与度较低。所谓社会参与，是指公共权力机构在进行立法、制定公共政策、决定公共事务或进行公共治理时，由公共权力机构通过开放的途径从公众和利害相关的个人或组织获取信息、听取意见，并通过反馈互动对公共决策和治理行为产生影响的各种行为。它是公众通过直接与政府或其他公共权力机构互动的方式决定公共事务和参与公共治理的过程（蔡定剑，2009）。从本次调研题器上看，本次调查侧重于考察城镇居民在立法决策、公共政策和基层治理等领域的参与力度。市场经济的深入发展使过去按国家全能主义构建的"强国家—弱社会"结构模式向国家、市场、社会三元分立格局转化（窦泽秀，2003）。然而，就实际情况而言，受传统思维的影响，中国城镇居民的社会参与仍然较低，其主要表现在两个方面：第一，城镇居民的民主意识不强。尽管中国在参政议政、社会团体、社区活动等方面已经有了相应的参与渠道，但是，中国的特殊国情使得城镇居民民主意识淡漠，缺乏社会参与的内驱力。第二，城镇居民缺乏社会参与的条件。实现社会参与，使城镇居民积极参与到国家政治和公共事务中来，需要具备很多必要条件，例如时间、知识、经济基础等。但是，目前中国城镇居民无论在工作时间、受教育程度、经济收入等方面，还是在文化和价值观上都参差不齐，这就造成城镇居民因自身条件不足的现实原因而无法参与社会事务和公共治理等活动。

其次，考察不同社会参与度的城镇居民的工作环境满意度发现（见图37），随着城镇居民在社区参与、社会组织活动参与和选举投票等方面社会参与力度的不断

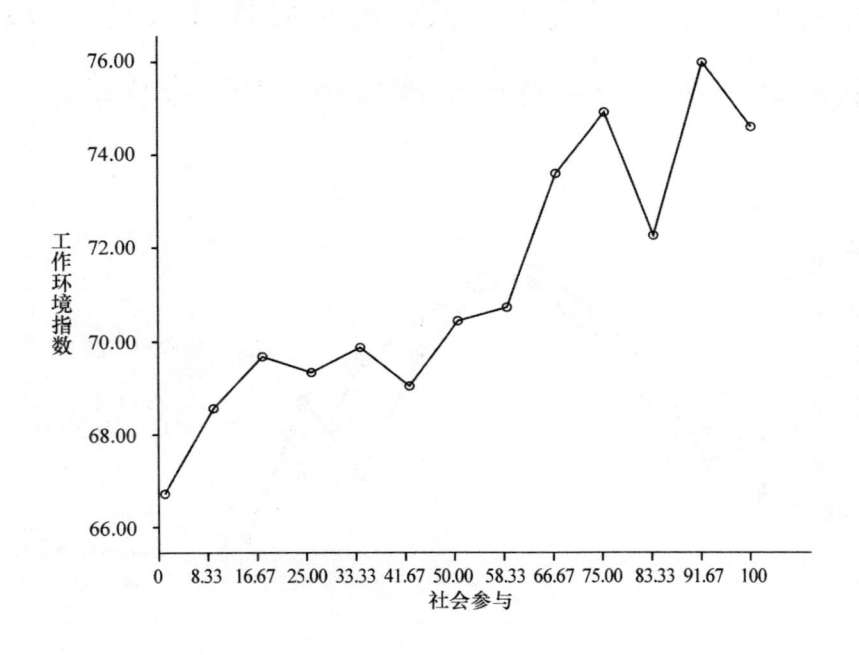

图37 城镇居民的工作环境满意度与社会参与的 ANOVA 分析（分）

增大，工作环境满意度呈现出显著的波动上升趋势。这表明，社会参与有利于城镇居民了解宏观社会环境、中观组织环境，以此作为其评价自己所处工作环境的参考信息，从而不断调整对工作环境的主观认知，进而形成较高的工作环境满意度。

（四）城镇居民工作环境满意度与社会分层的关系

考察城镇居民工作环境满意度与其社会分层认知的关系发现（见图38），根据对自己所处社会地位层级认知的递增（第一层代表最低，第十层代表最高），城镇居民对其工作环境满意度呈现出倒"U"形波动。一方

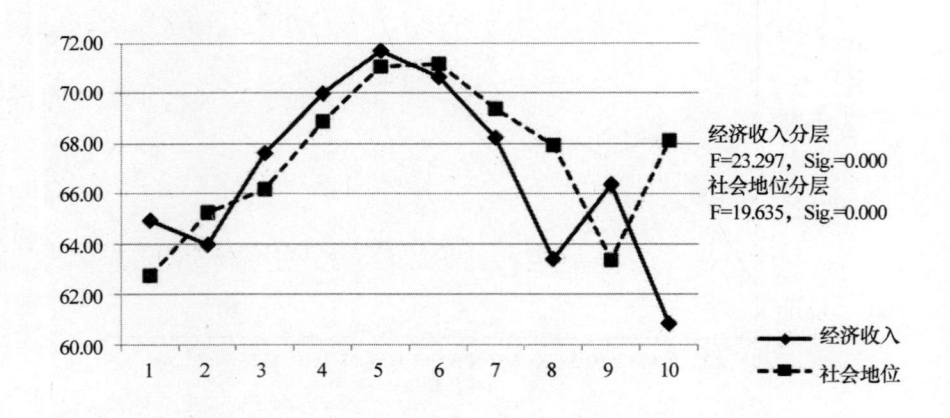

经济收入分层 F=23.297，Sig.=0.000
社会地位分层 F=19.635，Sig.=0.000

图38 城镇居民的工作环境满意度与社会分层的ANOVA分析（分）

面，随着社会地位的递增，城镇居民的工作环境满意度不断攀升，第六层达到最高值71.16分，随后不断下滑至第九层才开始重新上扬。其中，社会地位高达第九层的城镇居民的工作环境满意度仅为63.38分（相对的，处于社会地位第一层的城镇居民的工作环境满意度为62.77分）。另一方面，这种倒"U"形波动趋势同样出现在经济收入分层中，工作环境满意度的最高点出现在经济收入的第五层，3个较低点分别在经济收入的第十层、第八层和第二层。

这种倒"U"形波动趋势表明，一个人对自己在社会中的经济收入、社会地位分层认知层级越高，其对工作环境的满意度越高；但是，当达到一定分层等级之后，个体的工作环境满意度反而会降低。本次调查就发现，经济收入和社会地位处于中等水平的城镇居民的工作环境满意度最高，而处于低等和高等的城镇居民的工作环境满意度却较低。

对此，我们首先需要从社会分层和社会资源的关系出发进行阐释。依据韦伯的社会分层理论，人类最重要的社会资源分别是物质财富、社会声望和政治权利，而社会分层的实质则是这些不同类型的社会资源在社会成员中的不平等分配。决定人们经济阶层的，不仅是其对生产资料的占有情况，还有他们的知识技能、专业资格等个人特征；决定人们社会地位的，是社会群体被赋予的荣誉和声望，社会地位的划分独立于经济阶层的划分，它与个体的职业、家庭、技能等相关；决定人们政治地位的，则是社会成员所在政党的政治地位和社会成员个体拥有的权利资源（李培林等，2004）。由此可见，处于较高的社会地位和经济阶层的社会群体相较于其他阶层占有更多、更丰富的社会资源。凭借这些丰厚的社会资源，该社会群体在工作领域对其工作任务的把控力更强，对工作环境的适应性更强，更能满足其个人基本需求，进而体验到更多积极的工作情绪。然而，社会资源不断累积并不能带给个体持续的满足感。随着个人社会地位、经济阶层不断提升，社会资源带给个人基本需求的满足之后，个人更需要满足的是自我价值实现的需求，而这种个人潜力得到充分施展的需求并非简单通过社会地位和物质财富的获得来满足的。因而出现了本次调查中的倒"U"形波动趋势。

七 结论、讨论与思考

（一）结论

2010年以来，随着城镇化进程的推进，中国经济进入高速发展轨道，城镇居民的就业状况和生活水平都得到较大提升。但是，例如"富士康连跳事件""昆山工厂爆炸事件""天津港爆炸事故"等极端社会事件却层出不穷。这不仅让社会大众开始将工作环境作为其求职的一个重要参考点，而且国家政府相关部门也纷纷行动起来，积极推进以改善社会福利和民生为重点的社会建设，不断加强劳动者的劳动报酬、工作福利保障和工伤医疗保险等工作保障，以确保"新常态"经济发展中劳动力市场的稳定性。

在这一时代背景下，本报告将关注点聚焦于2015年度城镇居民所处的工作环境，考察他们对工作环境的主观评价。在此，我们认为工作环境涵盖两个层面的意涵：一是从个体层面与中观组织层面来考察个体对目前所处工作环境以及与之相关的社会条件的主观感受；二是从宏观社会层面，考察良好的工作环境对大众生活质量、城市生活的各个方面产生的主观感受。由此，工作环境的概念由客观工作环境、组织工作环境和主观心理环境3个维度构成：客观工作环境是企业组织为保证工作正常开展而为员工提供的最基础的硬件条件；组织工作环境主要指与工作流程、组织人际关系和组织氛围相关的影响个人工作行为和组织绩效的客观组织条件；主观心理环境是指个体在工作的动态变化过程中所表现出来的心理现象。

综合上述数据分析，以下为2015年城镇居民对工作环境的具体评价情况。

1. 2015年城镇居民的工作环境满意度为68.91分，满意度同比呈上升趋势

具体分析三维度：首先，对客观工作环境的评价为65.74分，这表明城镇居民基本满意单位所提供的硬件工作条件，但其中工作超时问题仍然突出，且比2014年更加严重。其次，对组织工作环境的评价为70.46分，城镇居民对单位组织所营造的组织氛围和人际关系状况比较满意，工作歧视问题减弱、组织支持上升，但工作自主性却相对下降。最后，对工作的主观心理体验为

69.15分，城镇居民对工作环境有着较为积极的主观体验，然而"工作压力大"仍然是城镇居民对工作最大的抱怨，是影响其工作环境满意度的负面因素。

2. 男女在工作环境满意度上无显著差异，但加班问题显著出现于男性群体，工作歧视显著出现于女性群体

上述数据表明，男性工作环境满意度为68.86分，女性工作环境满意度为68.97分，尽管在均值上略有不同，但统计分析发现二者并无显著差异。具体考察三维度发现，男女性别差异仅在客观工作环境和组织工作环境的评价上存在显著差异。通过深入挖掘差异的具体表现，我们发现，男性群体中的加班现象显著高于女性，可谓加班的高发人群；同时，女性群体在职场上更容易遭受性别和年龄的不公正待遇。

3. 年龄在工作环境满意度上存在显著差异，工作环境满意度随城镇居民年龄的增长呈波动上升趋势

统计数据表明，不同年龄阶段的城镇居民的工作环境满意度差距不大，但总体呈现波动上升趋势。此外，在2014年的调查中工作环境满意度在31—40岁年龄段出现的最低点已消失。具体考察工作环境满意度的三维度，我们发现，除组织工作环境之外，其余两个维度都在年龄上存在显著差异。具体表现为：在城镇居民对客观工作环境的评价上，51—60岁临近退休的城镇居民对其劳动报酬满意度最低，而退休返聘工作的城镇居民对其工作场所的满意度最高。

4. 农民工与城镇居民在工作环境满意度上已无显著差异，但工作自主性缺失、年龄和工作歧视问题在城镇居民中仍然严重

随着"城镇化""市民化"进程的深入推进，2015年城镇居民的工作环境满意度在户口变量上已不存在显著差异。但是深入分析持不同户口的城镇居民在工作环境满意度3个因子上的差异发现，尽管农民工和城镇居民对其客观工作环境的评价已无显著差异，但是与农民工相比，城镇居民更重视其所处的组织工作环境和对工作的主观心理体验。其中，城镇居民更容易感知来自工作自主度和工作公平度方面的问题。

5. 随着个人月收入/家庭月收入的提高，城镇居民工作环境满意度呈波动上升趋势

收入可以在一定程度上反映城镇居民的职业发展状

况和社会经济地位。上述数据分析表明，收入状况越好，城镇居民的工作环境满意度越高，无论是对其客观工作环境、组织环境还是对其主观体验的评价都较为积极。但是，值得注意的是，收入上升到一定阶段时，个体对工作环境的主观体验将会出现滞后或者倒退现象。在本次调查中，我们就发现家庭月收入为20001—30000元的这批城市高收入居民在职业期望和工作效能感等对工作的主观体验上显著低于其他人。

6. 在国企"领头羊"地位消退的背景中，外资企业员工的工作环境满意度达到最高点，港澳台资企业工作环境得以改善，私营/民营企业的状况却不尽如人意

考察不同性质单位中的城镇居民的工作环境满意度发现：首先，港澳台资企业工作环境恶劣的状况得到改善，身处其中的城镇居民的工作环境满意度上升至69.23分。其次，国企员工对其工作环境的满意度相对有所下降，与此同时，外资企业的工作环境状况上升较大，工作环境满意度升至72.31分。最后，2015年度，私营/民营企业员工的工作环境满意度最低，仅为67.89分，其中的不满主要反映在工作时间长、工作压力大和工作自主性不强上。

7. 城镇居民的工作环境满意度与社会满意度、社会参与和生活满意度均呈正相关

考察社会经济几个维度与城镇居民工作环境满意度之间的关系，我们得出如下发现：第一，随着城镇居民对社会经济、社会发展和政府工作等现状评价的上升，其工作环境满意度呈缓慢的波动上升趋势，社会的宏观经济发展水平、物价、政府办事效率、社会风气等均对城镇居民的工作环境评价有显著影响。第二，2015年城镇居民的社会参与力度仍然很低，均值仅为20.39分，且城镇居民的工作环境满意度还与其参与社区活动、社会组织团体活动和选举投票活动有显著正相关关系。第三，工作与生活密不可分，2015年城镇居民工作环境满意度也伴随着其对生活满意程度的上升而上升。

8. 城镇居民工作环境满意度与社会分层之间呈倒"U"形波动趋势

以城镇居民对其经济收入水平和社会地位的高低层次认知为标准，调查发现，随着其经济收入和社会地位层次的提高，城镇居民的工作环境满意度快速上升，至第五层或第六层中等水平时达到最高点；之后，随着经济收入和社会地位层次的增加，城镇居民的工作环境满意度反而下滑。

（二）讨论与思考

与此同时，在报告里我们也讨论了工作环境的定义和内涵，同时试图在工作环境的三维度框架下，分析目前中国城镇居民工作环境满意度现状，探寻其可能的影响因素。在理论方面，我们试图在上述三维结构中，努力挖掘其内部可能的相关关系，从而验证下面的3个基本假设。假设1：客观工作环境与组织工作环境存在显著正相关关系；假设2：客观工作环境与主观心理环境存在显著正相关关系；假设3：组织工作环境与主观心理环境存在显著正相关关系。数据分析的结果表明：(1) 中国城镇居民对工作环境总体满意度较高，得分为68.91分，其中组织工作环境的满意度最高，主观心理环境的满意度其次，客观工作环境的满意度最低。(2) 2015年城镇居民对其组织工作环境的满意度为70.46分。其中，城镇居民对其组织工作环境中的同事支持和领导支持评价较高，而组织中的工作歧视、工作自主性问题较为凸显。（3）影响2015年中国城镇居民工作环境总体满意度最大的主观心理环境得分为69.15分，在其内部8个因子的分项得分中工作压力的得分最低，这表明人们对工作压力的感受最深，这从一个侧面反映了中国工作环境中一些令人担忧的状况。

我们在进一步探究工作环境内部三维度的相互关系时发现了几个有意思的问题。客观工作环境被看作一个组织对人们的工作行为起到的正式约束，以工作场所、劳动时间和劳动报酬为其主要内容，其因子耦合度较高；组织工作环境被视为一个组织对人们的工作行为起到的非正式约束，在本次调查中，其维度内部包括工作自主性、工作歧视、同事支持以及领导支持等内容，其各因子之间的耦合度较高。更有显著意义的是，客观工作环境的满意度影响着人们对组织工作环境的感受，其与组织工作环境中的同事支持、领导支持以及工作自主性呈现显著的正相关关系，与工作歧视则呈现显著的负相关关系。这从一个侧面验证了前文提及的假设1，即客观工作环境与组织工作环境之间存在显著的正相关关系，二者在组织内部对人们的工作行为的约束上呈现"一刚一柔"的特性。

主观心理环境在本书中被看作驱动人们在组织内的工作行为和工作体验的总体性的感受,这种总体性的感受是客观工作环境在人们工作态度与行为上的投射。本书对客观工作环境与主观工作环境之间的关系所做出的数据分析表明,人们对客观工作环境中的工作场所、劳动报酬以及工作时间的满意度较为显著地影响着人们对工作的总体心理体验,这从一个侧面验证了假设2,即客观工作环境与主观心理环境之间存在显著的正相关关系。

组织工作环境潜移默化地影响、约束着人们的工作行为,与客观工作环境相得益彰。本书的数据分析表明,组织工作环境所指涉的同事支持、领导支持、工作自主性和工作歧视在不同程度上影响着人们在组织中的总体性心理感受,这从一个侧面验证了假设3,即组织工作环境与主观心理环境之间存在显著的正相关关系。

总之,我们试图通过归纳人们的个体心理感受到的总体性的社会情绪来观察中国城镇居民的工作环境满意度状况。与此同时，我们还试图将"经济人""社会人""自我实现人"在工作上的属性分别融入客观工作环境、组织工作环境与主观心理环境3个维度中，以此来探索中国当下城镇居民的工作价值取向。事实上，本书关于工作环境的内部结构分析以及其操作化过程的讨论尚停留在探索阶段，在题器设置和维度划分上还存在很大的空间。调查结果验证了工作环境三维结构的存在，但是这3个维度之间的关系却仍需要进一步探讨：客观工作环境是否直接影响组织员工的主观心理环境？组织工作环境是否在客观工作环境对主观心理环境的影响上发生中介作用？客观工作环境与组织工作环境是否协同作用于组织员工的主观心理环境？

与此同时，我们还发现了中国工作环境研究中可能需要进一步注意的几个问题。

一是多元的工作价值取向与单一的工作设计之间的矛盾。转型社会是传统与现代性冲突和交融共存的社会。这个命题在工作环境的研究中，主要表现为员工在工作环境的代际更替过程和组织社会化过程中所遭遇的组织与个体的冲突。就个体工作价值取向与组织的工作设计是否匹配而言，本研究结果分析表明，中国城镇居民的工作价值取向主要有三类。第一，谋生取向。表现为个人在工作中强调追求经济利益，以获取物质回报为目标，反映了人与工作的物质关系，这在工作环境的客观工作环境维度中的劳动报酬、工作场所等题器上有所体现。第二，关系取向。表现为个人在工作中看重社会关系的建构，希望由工作而获得职业声望与组织认同，反映了人与工作的社会关系，这在工作环境的组织工作环境维度中的同事支持、工作歧视等题器上有所体现。第三，内驱力取向。表现为个人的工作行为除了获得物质回报或职业声誉，而更强调工作任务本身所带来的内在价值体验与身心愉悦，反映了人与工作的自我关系，这在工作环境的主观心理环境维度中的工作效能感、工作自尊等题器上有所体现。正是这种多元的工作价值取向，使得工作之于员工的意义不仅在于谋生，还在于由此缔结社会关系、实现自我。而工作环境的调查结果显示，中国城镇居民在工作中建构的物质关系、社会关系以及自我关系上都没有获得较好的主观体验，组织也并未在工作设计等方面给他们提供足够多的条件去促进他们缔结与工作的多元关系，由此导致了个人工作价值取向与工作设计之间的不匹配。如果这种不匹配情况得不到足够的重视，很容易从微观层面影响主观心理环境的营造，影响员工的积极工作行为。

二是优质生活与健康组织之间的背离。在当今以"以人为本、安全发展"的理念为主导的组织发展背景下，员工的职业健康问题越来越受到社会与组织的重视。工作环境的研究成果也显现出从影响员工身体健康的客观工作环境到影响员工心理健康的主观心理环境的转向，其中工作压力不仅是优质生活的重要影响因素，也是健康组织必不可少的关注点。工作压力对生产率、工作耗竭以及健康的影响已经受到了越来越多的关注（Carwright 和 Cooper，2002；Karasek 和 Theorell，1990；Quick 等，2012；Spielberger 和 Reheiser，1994；刘璞等，2005；黄海艳等，2014；白玉苓，2010）。本次研究结果也再次验证，工作压力是影响中国城镇居民工作环境满意度的重要因素。其直接后果，从个体层面而言，导致员工筋疲力尽、心理失调，引发疾病（Ogińska-Bulik，2006）；就组织层面而言，导致事故频发、士气低落、生产率下降、病假旷工，这对健康组织的缔造、人力资本质量与工作效率的提高、生活品质的促进都会产生影响（Hemingway 和 Smith，1999）。

三是从工作环境到社会态度之间的情绪跃迁。本书的基本理论假设是：工作环境是人们在工作场所产生的一系列主观感受，组织的客观变化总能从人们对工作环境的主观感受中得到稳定的表现，只要个体层次上的主观态度"化合"到总体性的社会情绪之中，这种主观态度就具有反映整个企业组织状况的能力与特征。这种从个体到总体的情绪跃迁，在组织内表征为个体感受到组织氛围的情绪跃迁，反映的是整个组织是否景气，是否井然有序，组织愿景是否符合个人愿景的方向；在组织外表征为组织景气到社会景气的情绪跃迁，反映的是整个社会是否整合有序，整个社会的发展方向是否彰显可持续发展的意涵。本书借助调查数据的分析结果在一定程度上也能使假设得以验证，城镇居民的工作环境深受宏观社会发展状况的影响，它随着社会满意度、生活满意度和社会参与度的提高而提高。然而，这只是本书的一些探索性研究。对于如何将人们的个体主观感受与组织客观结构指标相关联，清晰阐释微观社会态度到总体性情绪的演进机制，甚至剖析推动"个体—组织—社会"的逻辑链条上的情绪跃迁机制，则需要我们努力做出更深入的研究。

另外，需要我们在将来的研究中进一步弄清楚的是，组织工作环境是否用组织制度环境来表述更为妥当，客观工作环境和组织制度环境是否、如何以及在多大程度上对人们主观心理环境产生决定性的影响，还有，人们的主观心理环境是否、如何以及在多大的程度上会引发一个组织中的客观工作环境和组织制度环境的创新与变迁，这些都是工作环境研究当中举足轻重的大问题，值得我们深入的思考与推进。

参考文献

白玉苓：《工作压力与工作倦怠关系研究——以服装企业知识型员工为例》，《北京工商大学学报》（社会科学版）2010年第3期。

蔡定剑：《公众参与：风险社会的制度建设》，法律出版社2009年版。

曹礼平：《跨国公司外派人员社会网络、配偶支持对其工作绩效的影响研究——基于在沪跨国公司的实证》，博士学位论文，复旦大学，2009年。

陈志霞：《社会满意度的概念、层次与结构》，《华中科技大学学报》（社会科学版）2004年第2期。

储小平、汪林：《家族企业员工的组织环境认知及对工作表现的影响》，《管理世界》2008年第3期。

戴春林、李茂平、张松：《同事支持研究的回顾与思考》，《企业研究》2011年第8期。

窦泽秀：《社区行政——社区发展的公共行政学视点》，山东人民出版社2003年版。

范皑皑、丁小浩：《教育、工作自主性与工作满意度》，《清华大学教育研究》2007年第6期。

高勇：《调查抽样与数据清理》，载李汉林主编《中国社会发展研究报告（2015）》，中国社会科学出版社2016年版。

黄海艳、柏培文：《注册会计师的工作压力、组织支持感与工作绩效研究》，《审计研究》2014年第2期。

雷玉霞：《30位高校青年教师对工作环境态度的研究报告》，《江西社会科学》2000年第3期。

李汉林、渠敬东：《制度规范行为——关于单位的研究与思考》，《社会学研究》2002年第5期。

李晓辉、贺慧玲、石林：《工作家庭冲突与社会支持、生活满意度的关系：中欧比较》，国际中华应用心理学研究会第五届学术年会论文集，2007年。

李培林等：《中国社会分层》，社会科学文献出版社2004年版。

李锐、凌文铨：《工作投入研究的现状》，《心理科学进展》2007年第2期。

李晔：《工作—家庭冲突的影响因素研究》，《人类工效学》2003年第9期。

刘璞、谢家琳、井润田:《国有企业员工工作压力与工作满意度关系的实证研究》,《中国软科学》2005年第12期。

刘永强、赵曙明:《工作—家庭冲突的影响因素及其组织行为后果的实证研究》,《经济学研究》2006年第5期。

斯蒂芬·P. 罗宾斯、蒂莫西·A. 贾奇:《组织行为学》(第14版),孙健敏、李原、黄小勇译,中国人民大学出版社2012年版。

斯蒂芬·P. 罗宾斯:《组织行为学精要》(第6版),郑晓明译,电子工业出版社2002年版。

罗耀平、范会勇、张进辅:《工作—家庭冲突的前因、后果及干预策略》,《心理科学进展》2007年第15期。

马红宇等:《边界弹性与工作—家庭冲突、增益的关系:基于人—环境匹配的视角》,《心理学报》2014年第4期。

戴维·迈尔斯:《社会心理学》(第8版),张智勇、乐国安、侯玉波等译,人民邮电出版社2006年版。

孟续铎、杨河清：《工作时间的演变模型及当代特征》，《经济与管理研究》2012年第12期。

渠敬东：《坚持结构分析和机制分析相结合的学科视角，处理现代中国社会转型中的大问题》，《社会学研究》2007年第2期。

时雨、刘聪、刘晓倩、时勘：《工作压力的研究概况》，《经济与管理研究》2009年第4期。

亚当·斯密：《国富论》，郭大力、王亚南译，商务印书馆2014年版。

谭顺福：《中国产业结构的现状及其调整》，《管理世界》2007年第6期。

唐杰、林志扬：《工作环境下的员工压力应对研究——内涵、模型、测量及热点评述》，《应用心理学》2009年第4期。

田喜洲、左晓燕、谢晋宇：《工作价值取向研究现状分析及未来构想》，《外国经济与管理》2013年第4期。

王士红、徐彪、彭纪生：《组织氛围感知对员工创新行为的影响——基于知识共享意愿的中介效应》，《科研管理》2013年第5期。

王元元、余嘉元、李杨：《组织氛围对员工行为有效性的影响机制》，《心理学探新》2012年第2期。

杨宜音：《个体与宏观社会的心理关系：社会心态概念的界定》，《社会学研究》2006年第4期。

约翰·肯尼思·加尔布雷思：《富裕社会》，赵勇译，凤凰出版传媒集团、江苏人民出版社2009年版。

张超：《组织氛围、主管支持感与公务员创新意愿关系的实证研究——以组织认同为中介变量》，博士学位论文，西南财经大学，2012年。

张士菊、廖建桥：《管理理念对心理契约破裂的影响：国有企业和民营企业的比较》，《商业经济与管理》2010年第2期。

张彦、魏钦恭、李汉林：《发展过程中的社会景气与社会信心——概念、量表与指数构建》，《中国社会科学》2015年第4期。

赵西萍、杨晓萍：《复杂工作环境下心理资本的研究》，《科技管理研究》2009年第6期。

朱晋伟、胡万梅、李峰：《内外资企业人力资源管理实践的维度及绩效分析》，《华东经济管理》2014年第

8 期。

Baker, G. P., R. Gibbons & K. J. Murphy, "Subjective Performance Measures in Optimal Incentive Contracts", *Quarterly Journal of Economics*, 109, 1994.

Cartwright, Susan & Cary L. Cooper, *ASSET: An Organizational Stress Screening Tool: The Management Guide*, Manchester, UK: RCL, 2002.

Clark, A. E., "Your Money or Your Life: Changing Job Quality in OECD Countries", *British Journal of Industrial Relations*, 43 (3), 2005.

Cummins R. A., "The Domains of Life Satisfaction: An Attempt to Order Chaos", *Social Indicators Research*, 38 (3), 1996.

Demerouti, E., A. B. Bakker, F. Nachreiner & W. B. Schaufeli, "The Job Demands-resources Model of Burnout", *Journal of Applied Psychology*, 86 (3), 2001.

Ertel, Michael, Eberhard Pech, Peter Ullsperger, Olaf Von Dem Knesebeck & Johannes Siegrist, "Adverse Psychosocial Working Conditions and Subjective Health in Freelance

Media Workers", *Work and Stress*, 19 (3), 2005.

Eurofound, "Fourth European Working Conditions Survey", Luxembourg: Publications Office of the European Union, 2011.

Eurofound, "Fifth European Working Conditions Survey", Luxembourg: Publications Office of the European Union, 2012.

Fogarty, T. J., "Socialization and Organizational Outcomes in Large Public Accounting Firms", *Journal of Managerial Issues*, 12, 2000.

Gallie, D., "Production Regimes, Employment Regimes, and the Quality of Work", in D. Gallie (ed.), *Employment Regimes and the Quality of Work*, Oxford: Oxford University Press, 2007.

Haller, M. & Hadler, M., "How Social Relations and Structures Can Produce Happiness and Unhappiness: An International Comparative Analysis", *Social Indicators Research*, 75, 2006.

Hemingway, Monica A. & Carlla S. Smith, "Organizational Climate and Occupational Stressors as Predictors of Withdrawal Behaviours and Injuries in Nurses", *Journal of Occupational Organizational Psychology*, 72, 1999.

Jex, S. M., "Stress and Job Performance: Theory, Research, and Implications for Managerial Practice", *Thousand Oaka*, C. A.: Sage Publications, 1998.

Kaikkonen, Risto, Ossi Rahkonen, Tea Lallukka & Eero Lahelma, "Physical and Psychosocial Working Conditions as Explanations for Occupational Class Inequalities in Self-rated health", *Eur J Public Health*, 19 (5), 2009.

Karasek, Robert, *Job Content Questionnaire*, Los Angeles: University of Southern California, Department of Industrial and Systems Engineering, 1985.

Karasek, Robert & Tores Theorell, "Healthy Work: Stress, Productivity and the Reconstruction of Work Life", New York: Basic Books, 1990.

Kohn, Michael C., Frederick Parham, Scott A. Masten, Christopher J. Portier, Michael D. Shelby, John W. Brock & Larry L. Needham, "Human Exposure Estimates for Phthalates", *Environmental Health Perspectives*, 108 (10), 2000.

Lake, Eileen T., "The Nursing Practice Environment", *Med-*

ical Care Research and Review, 64 (2 SUPPL), 2007.

Lallukka, Tea, Ossi Rahkonen, Eero Lahelma & Sara Arber, "Sleep Complaints in Middle-aged Women and Men: The Contribution of Working Conditions and Work-family Conflicts", *Journal of Sleep Research*, 19 (3), 2010.

Lance, C. E., Mallard, A. G. & Michalos, A. C., "Tests of the Causal Directions of Global-life Facet Satisfaction with Life Scale: Replication and Methodological Refinement", *Perceptual and Motor Skills*, 80, 1995.

Lederer, Wolfgang, J. F. Kinzl, Ernestine Trefalt, Christian Traweger & Arnulf Benzer, "Significance of Working Conditions on Burnout in Anesthetists", *Acta Anaesthesiologica Scandinavica*, 50 (1), 2006.

Lindeberg, Sara, Maria Rosvall, Bongkyoo Choi, Catarina Canivet, Sven-Olof Isacsson, Robert Karasek & Per-Olof Östergren, "Psychosocial Working Conditions and Exhaustion in A Working Population Sample of Swedish Middle-aged Men and Women", *European Journal of Public Health*, 21 (2), 2010.

Locke, E. A., "The Nature and Causes of Job Satisfaction", In M. D. Dunnette (Ed.), *Handbook of Industrial and Organizational Psychology*. Chicago, I. L. : Rand McNally, 1976.

Michael Ertel, Eberhard Pech, Peter Ullsperger, Olaf Von Dem Knesebeck, Johannes Siegrist, "Adverse Psychosocial Working Conditions and Subjective Health in Freelance Media Workers", *Work and Stress*, 19 (3), 2005.

Ogińska-Bulik, Nina, "Occupational Stress and Its Consequences in Healthcare Professionals: The Role of Type D Personality", *International Journal Occupational Medicine and Environmental Health*, 19 (2), 2006.

Olli Pietiläinen, Mikko Laaksonen, Ossi Rahkonen, Eero Lahelma, "Self-Rated Health as a Predictor of Disability Retirement-The Contribution of Ill-Health and Working Conditions", *Self-Rated Health and Disability Retirement*, 6 (9), 2011.

Pérez, Elena Ronda, Fernando G. Benavides, Katia Levecque, John G. Love, Emily Felt & Ronan Van Rossem, "Differences in Working Conditions and Employment Arrangements among Migrant and Non-migrant Workers in Europe", *Ethnicity & Health*, 17 (6), 2012.

Porter, L. W., R. M. Steers, R. T. Mowday & P. V. Boulian, "Organizational Commitment, Job Satisfaction, and Turnover Among Psychiatric Technicians", *Journal of Applied Psychology*, 59, 1974.

Quick, James Campbell, Thomas A. Wright, Joyce A. Adkins, Debra L. Nelson & Jonathan D. Quick, *Preventive Stress Management in Organizations*, 2nd Revised Edition, Washington D. C. : American Psychological Association, 2012.

Rice, Rorbert W., Janet P. Near & Raymond G. Hunt, "The Job Satisfaction/Life Satisfaction Relationship: A Review of Empirical Research", *Basic and Applied Social Psychology*, 1 (1), 1980.

Risto Kaikkonen, Ossi Rahkonen, Tea Lallukka & Eero Lahelma, "Physical and Psychosocial Working Conditions As Explanations for Occupational Class Inequalities in Self-rated Health", *The European Journal of Public Health*, 19 (5), 2009.

Rogers, Wendy, "Ethical Issues in Public Health: A Qualitative Study of Public Health Practice in Scotland", *Journal of Epidemiology and Community Health*, 58 (6), 2004.

Sirgy, J., *The Psychology of Quality of Life*, Dordrecht: Kluwer, 2002.

Sirgy, M. J., Efraty, D., Siegel, P., & Lee, D.-J, "A New Measure of Quality of Work Life (QWL) Based on Need Satisfaction and Spillover Theories", *Social Indicators Research*, 55, 2001.

Sitkin, S. B. & N. Roth, "Explaining the Limited Effectiveness of Legalistic 'Remedies' for Trust/Distrust", *Organisation Science*, 4, 1993.

Spielberger, Charles D. & Eric C. Reheiser, "The Job Stress Survey: Measuring Gender Differences in Occupational Stress", *Journal of Social Behaviour and Personality*, 9, 1994.

Stenfors, Cecilia, Petter Marklund, Linda Magnusson Hanson, Töres Theorell & Lars-Göran Nilsson, "Subjective Cognitive Complaints and the Role of Executive Cognitive Functioning in the Working Population: A Case-Control

Study", *PLoS One*, 8 (12), 2013.

Tanaka, Sachiko, Yukie Maruyama, Satoko Ooshima & Hirotaka Ito, "Working Condition of Nurses in Japan: Awareness of Work-life Balance among Nursing Personnel at A University Hospital", *Journal of Clinical Nursing*, 20, 2010.

Tea Lallukka, Tarani Chandola, Harry Hemingway, Michael Marmot, Eero Lahelma, Ossi Rahkonen, "Job Strain and Symptoms of Angina Pectoris among British and Finnish Middle-aged Employees", *Journal of Epidemiology and Community Health*, 26, 2010.

Vahey, Doris C., Linda H. Aiken, Douglas M. Sloane, Sean P. Clarke & Delfino Vargas, "Nurse Burnout and Patient Satisfaction", *Medical Care*, 42 (2), 2004.

Van Praag, B. M. S., Frijters, P., Ferrer-i-Carbonell, A., "The Anatomy of Subjective Well-being", *Journal of Economic Behavior & Organization*, 51, 2003.

张彦，西南大学文化与社会发展学院讲师，中国社会科学院社会学博士，《社会发展译丛》副主编，《社会发展研究》编辑，中国社会科学院社会景气研究中心常务副主任。主要从事社会结构与社会组织的研究，其中最具个人特色的是关于中国组织环境和组织运作机制的研究，包括：（1）对于组织中资源获得机制的探索；（2）组织成员对组织的主观取向和感受的分析；（3）对组织中利益表达和实现机制的研究。自2007年以来，参与国家级及省部级社科课题六项，主持国家社会科学基金一般项目"中国企业工作环境研究——概念、量表与指数建构"，并在《中国社会科学》杂志上发表《发展过程中的社会景气与社会信心——概念、量表与指数构建》《社会变迁过程中的结构紧张》两篇重要论文。